JN273082

Marketing Basic Selection Series
マーケティング・ベーシック・セレクション・シリーズ

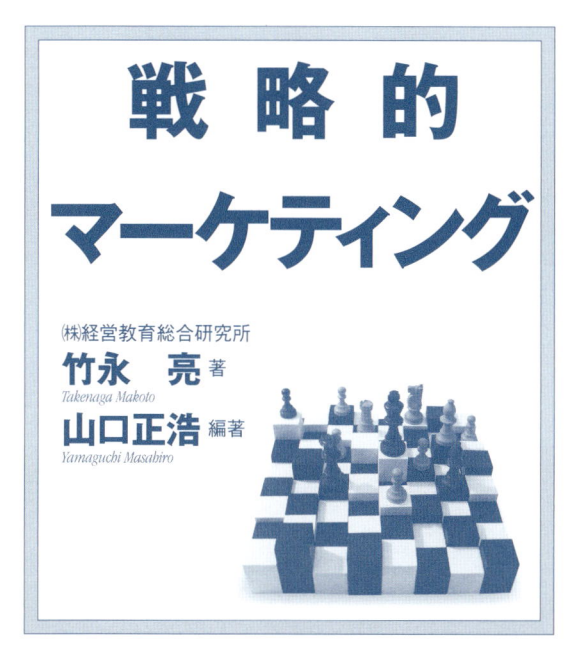

戦略的マーケティング

㈱経営教育総合研究所
竹永 亮 著
Takenaga Makoto

山口正浩 編著
Yamaguchi Masahiro

Strategic Marketing

同文舘出版

マーケティング・ベーシック・セレクション・シリーズ発刊にあたって

　マーケティング・ベーシック・セレクション・シリーズの内容は、経営教育総合研究所の主任研究員が携わってきた多数の企業や大学、地方公共団体での講義や研修、上場企業や中小企業へのコンサルティングがベースとなっています。

　マーケティング研修で、受講生に「マーケティング」から連想するキーワードを質問すると「企業戦略」、「販売促進」、「広告宣伝」、「営業担当者の強化」、「Web」、「TVCM」など、さまざまな答えが挙がります。消費者行動や企業活動の多様化に伴い、マーケティングも、さまざまな切り口から考えられるようになりました。

　本シリーズでは、多様化しているマーケティングを下記の12テーマのカテゴリーに分類し、最新事例や図表を使用してわかりやすくまとめています。本シリーズで、各カテゴリーのマーケティング知識を理解し、活用していただければ幸いです。

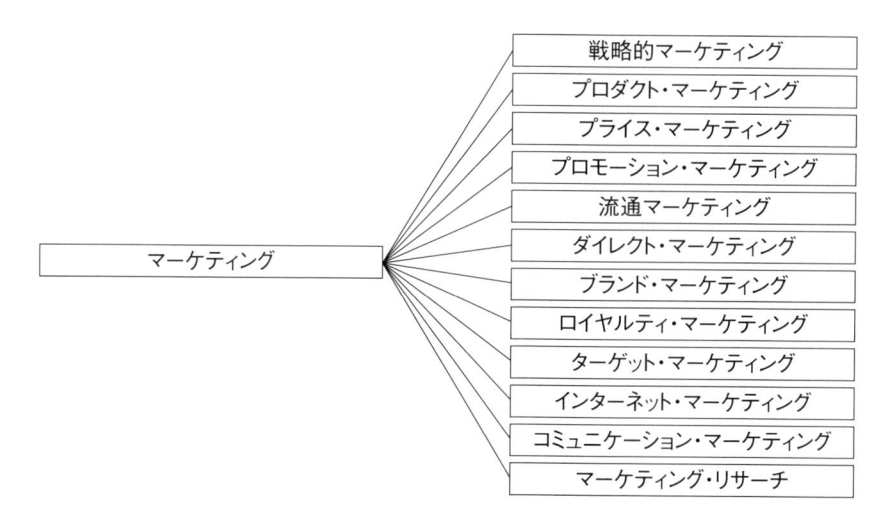

```
                          ┌─ 戦略的マーケティング
                          ├─ プロダクト・マーケティング
                          ├─ プライス・マーケティング
                          ├─ プロモーション・マーケティング
                          ├─ 流通マーケティング
     マーケティング ──────┼─ ダイレクト・マーケティング
                          ├─ ブランド・マーケティング
                          ├─ ロイヤルティ・マーケティング
                          ├─ ターゲット・マーケティング
                          ├─ インターネット・マーケティング
                          ├─ コミュニケーション・マーケティング
                          └─ マーケティング・リサーチ
```

　本シリーズは一般の書籍と異なり、マーケティング・ベーシック・セレクション・シリーズ専用のHPを開設しています。HPでは書籍に書ききれなかった監修者・執筆者のコメントや、マーケティングに関する最新情報を紹介しています。本シリーズで学習したら、下記のHPにアクセスし、さらなる知識を吸収してください。
URL　http://www.keieikyouiku.co.jp/MK

株式会社 経営教育総合研究所
代表取締役社長　山口 正浩

まえがき

　経営者が企業の持続的な成長のためによりどころとする学問に、"マーケティング論"と"経営戦略論"があります。両者は、それぞれの学問領域の中で、実際の企業の事例に基づき研究が深化し、さまざまなフレームワークが生み出されています。

　「戦略的マーケティング」は、マーケティングを企業全体で考えようとするため、"マーケティング論"と"経営戦略論"の2つの学問領域に密接に関連し、それぞれの学問領域の理論に影響されています。

　それぞれの学問領域で細分化し、深化した知見を実践で活用するためには、それぞれの理論を理解し、融合させる必要があります。そのため実際の企業のコンサルティング現場では、戦略的マーケティングを活用できていないケースも多数見られます。

　本書では、2つの学問の理論をDREA(「環境分析に基づく事業領域再定義法」)という一連のプロセスに落とし込み、基本的な知識があれば、企業内のだれもが実践できる手法として紹介しています。10年以上前に原型が誕生したDREAですが、現在では、大手消費財メーカーや大手家電メーカー、金融機関や小売業、サービス業と100社以上の企業の担当者が実践しています。

　本書のPART 1の「戦略的マーケティングの概要」では、市場が低成長の時代に必要とされる戦略的マーケティングの概要と、経営戦略の策定と実行までの一連の流れを紹介しています。

　PART 2の「戦略的マーケティングとDREAの活用」では、企業に戦略的マーケティングを導入する際に有効なDREAのプロセスを紹介しています。

　PART 3の「AD分析」では、企業を取り巻く環境をスムーズに分析するための手法であるAD分析の手順について、経営教育総合研究所が

コンサルティングで実際に使用しているケースに基づき紹介しています。

　PART 4の「ゲシュタルト分析」は、DREAの"軸"の部分です。実際の企業のショートケースを用いて、AD分析からゲシュタルト分析までの流れを理解できるようにしています。また、ゲシュタルト分析を、実際に導入して行き詰まったときの対処方法も紹介しています。

　PART 5の「ドメインチャート」では、AD分析、ゲシュタルト分析から導き出された事業の課題に基づき、「明日の事業の姿」を実際に"見える化"するときの留意点について紹介しています。

　PART 6の「採用するドメインの判断」では、DREAの一連の流れで導き出されたドメインが複数存在する際に、経営のフレームワークを用いて選定する考え方を紹介しています。

　PART 7の「DREAの理解をさらに深めるための戦略知識」では、実践で柔軟に活用するために、DREAの背景となる戦略理論を紹介しています。

　PART 8の「ポーターの競争戦略理論」では、DREAの理解をさらに深めるための戦略知識のうち、特に理解が必要なポーターの競争戦略論を掘り下げて説明しています。

　以上、8つのPARTを読み、みなさんが戦略的マーケティングを企業で実践し、企業が新たな事業領域を展開し、企業の持続的な成長に少しでも貢献できれば幸いです。

2012年8月

株式会社　経営教育総合研究所
代表取締役社長　山口正浩

マーケティング・ベーシック・セレクション・シリーズ
戦略的マーケティング◉───────────目次

PART 1
戦略的マーケティングの概要

section1　戦略的マーケティングの必要性　　　　　　　　　　　10
section2　経営戦略の理解　　　　　　　　　　　　　　　　　　12

PART 2
戦略的マーケティングとＤＲＥＡの活用

section1　ＤＲＥＡと戦略的マーケティング　　　　　　　　　　20
section2　ＤＲＥＡのフロー　　　　　　　　　　　　　　　　　22
section3　事業理念の確認　　　　　　　　　　　　　　　　　　24

PART 3
ＡＤ分析

section1　企業を取り巻く環境を分析するＡＤ分析　　　　　　　30
section2　ＡＤ分析の留意点　　　　　　　　　　　　　　　　　36
section3　付箋紙を用いたＡＤ分析の手順　　　　　　　　　　　42

section4	ＡＤ分析の際のよくある質問	44
section5	強制発想法	50
section6	見えざる資産認識法	58

PART 4

ゲシュタルト分析

section1	ドメインをつくるためのヒントを探すゲシュタルト分析	62
section2	ゲシュタルト分析の手順	64
section3	ゲシュタルトの早期発見法	70
section4	ＡＤ分析とゲシュタルト分析演習	72
section5	Ｓ社Ｚ店の事業理念の確認	76
section6	Ｓ社Ｚ店のゲシュタルト分析	84

PART 5

ドメインチャート

section1	ドメインチャートの体系	90
section2	経営資源の設定	96
section3	ドメインの基本公式	98
section4	ドメインチャートの作成	102
section5	ゲシュタルト分析からドメインチャートへ	104

PART 6

採用するドメインの判断

- section1　３つのドメインの採否の判断　112
- section2　ＰＰＭの活用　114
- section3　ＰＰＭの代替指標　116
- section4　候補ドメインの評価　118
- section5　ＰＰＭと候補ドメインとの関連　120
- section6　ドメインの再修正　124
- section7　バランス・スコアカードによる実行　126

PART 7

ＤＲＥＡの理解をさらに深めるための戦略知識

- section1　ＤＲＥＡの全体像　132
- section2　ＳＷＯＴ分析　134
- section3　ドメイン論　136
- section4　再定義したドメインが進展しない理由　138
- section5　多角化戦略　140
- section6　経営資源　144
- section7　ＰＰＭ　146
- section8　ＶＲＩＯ分析　150
- section9　ＶＲＩＯ分析演習　156
- section10　５つの競争要因　164

PART 8
ポーターの競争戦略理論

- section1　ポーターの半生 …………………………………………172
- section2　ポーターの競争戦略理論の概要 …………………………174
- section3　業界の構造分析 …………………………………………178
- section4　基本的な競争戦略 ………………………………………182
- section5　我が国の競争戦略モデル ………………………………194

装丁・本文DTP●志岐デザイン事務所

section 1　戦略的マーケティングの必要性
section 2　経営戦略の理解

PART 1

戦略的マーケティングの概要

戦略的マーケティングとは何か？
なぜ戦略的マーケティングが必要か？
経営戦略と関連づけながら理解する

section 1　戦略的マーケティングの概要

戦略的マーケティングの必要性

　市場全体の伸びが鈍化し、経済環境が複雑かつ大きく変動する時代においては、企業と、企業を取り巻く市場環境とのマッチングが、企業の存続・成長に決定的な役割を果たします。

　1970年代中頃以降、特にオイルショックを境にして、経済環境は、企業の経営資源全体が相対的に稀少化・枯渇化し、市場の全体的な伸びが鈍化し、国内外の競争が激化しました。

　このような環境下では、従来のようなマーケティング部門のみのマーケティング活動だけでは、市場の変化に対応できなくなりました。

　そこで、従来のマーケティング部門のみのマーケティング活動に代わって、経営戦略とマーケティング戦略とを統合し、変化する市場環境に企業を対応させていくという、企業レベルでのマーケティング活動である「戦略的マーケティング」が誕生しました。

　戦略的マーケティングとは、マーケティング・ミックスを効率的に利用し、市場と競争者に対応していくという、限定されたマーケティング活動を行うだけではなく、企業の全体戦略の中で、マーケティング活動を戦略的に行っていくという考え方です。

　戦略的マーケティングでは、企業のマーケティング部門だけがマーケティングを考えるのではなく、全社的な視点でマーケティングを検討するため、企業の経営資源を考慮した経営戦略や、市場環境の分析の知識が必要となります。

　また、経営戦略と戦略的マーケティングは表裏一体の関係にあるため、戦略的マーケティングの策定は、経営戦略の策定と同じ枠組みで計画さ

れます。

　企業が戦略的マーケティングを考える際には、下図のフローに基づいて考えると効果的です。section2でフローのそれぞれの段階について見ていきましょう。

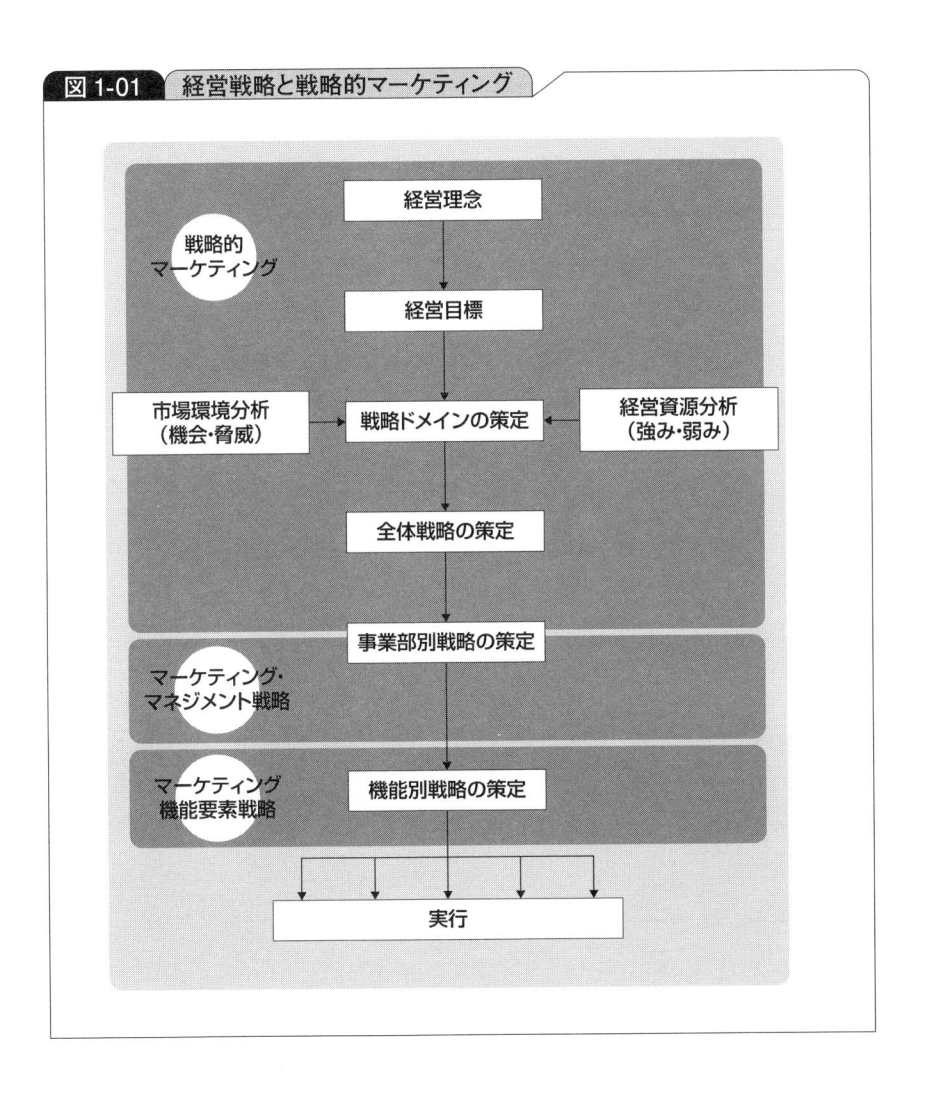

図1-01　経営戦略と戦略的マーケティング

```
                    ┌──────────┐
                    │  経営理念  │
                    └─────┬────┘
  戦略的                  │
  マーケティング          ▼
                    ┌──────────┐
                    │  経営目標  │
                    └─────┬────┘
┌──────────┐            │            ┌──────────┐
│市場環境分析│            ▼            │経営資源分析│
│(機会・脅威)├──────┤戦略ドメインの策定├──────│(強み・弱み)│
└──────────┘            │            └──────────┘
                          ▼
                    ┌──────────────┐
                    │ 全体戦略の策定 │
                    └──────┬───────┘
                           ▼
                    ┌──────────────┐
                    │事業部別戦略の策定│
  マーケティング・     └──────┬───────┘
  マネジメント戦略            │
                           ▼
  マーケティング       ┌──────────────┐
  機能要素戦略         │ 機能別戦略の策定│
                      └──────┬───────┘
                        ↓  ↓  ↓  ↓
                      ┌──────────┐
                      │   実行    │
                      └──────────┘
```

section 2　戦略的マーケティングの概要

経営戦略の理解

(1) 経営戦略の概要

　業界内で競合している企業は、相手企業がどのように顧客に対してアプローチしているのかを分析し、日々、自社が相手企業に勝つための戦略を考えています。

　相手企業の営業力が強ければ、自社の営業担当者を教育して負けないようにします。

　また、相手企業が新製品を発表したら、その製品の性能を上回る製品を開発・発売して、相手企業より多くの顧客を獲得しようとします。

　戦略はもともと、「将軍の術」を意味するギリシャ語に由来し、経営戦略は、「ある程度長期にわたって一貫性を持った（軍事的）資源の配分」という意味の軍事用語が、経営の場に転用されたものです。

　つまり経営戦略とは、「企業の長期目標を決定して、目標を達成するために必要な企業の行動のコースを採択し、ヒト・モノ・金・情報といった企業内の経営資源を割り当てること」です。

(2) ビジョンの明確化

　戦略的マーケティングを実行する際には、企業のビジョンを明確にする必要があります。

　企業のビジョンの明確化とは、自社の将来のあるべき姿を明確にし、自社の内外に対して長期的な方向性を表明するものです。具体的には、経営理念と、これに基づいて設定される経営目標によって表現されます。

　ビジョンを正確に把握していないと、戦略の方向性が経営者の想いと

大きくズレてしまいます。クライアント企業にコンサルティングや営業活動を行う際には、経営者にビジョンをヒアリングして正確に把握しておく必要があります。図1-01でも、経営理念と経営目標が戦略を立案する上での上位概念であることがわかります。

(3) 環境分析

　企業の戦略的マーケティングの目的は、環境への適応です。きちんと環境分析をせずに、自社の強みが活かせないような環境や自社にとって不利な環境を選択してしまったり、環境の変化に気づかないまま現状維持をつらぬけば、思うように業績が上がらないばかりか、企業の存続も危うくなります。

　企業が環境に適応するためには、現在の環境を分析し、企業にとっての機会と脅威を見極める必要があります。

　企業を取り巻く環境分析の手法のひとつに、SWOT分析があります。SWOT分析は、マーケティング環境の外部環境と内部環境を分析する手法です（PART7 section2参照）。

　SWOT分析では、内部環境を「強み（Strengths）」と「弱み（Weaknesses）」に、外部環境を「機会（Opportunities）」と「脅威（Threats）」に分類します。

①強み（Strengths）

　「強み」とは、競合企業に対して競争上の優位をつくり、優れた企業成果の源泉となる経営資源のことです。

　「強み」は、環境にある「機会」を開拓し、「弱み」を克服し、「脅威」を回避するために重要な要因です。

②弱み（Weaknesses）

　「弱み」とは、戦略を実行する際に「強み」の発揮を阻害したり、企業成果にマイナスの影響を与える経営資源です。「弱み」は、戦略の失

敗を避けるために克服すべき要因です。
③機会（Opportunities）
「機会」とは、現行の戦略や企業成果にプラスの影響をもたらす外部環境要因のことです。

具体的には、自社がターゲットとする消費者層の人口増加、法律改正による規制緩和などが当てはまります。
④脅威（Threats）
「脅威」とは、現行の戦略や企業成果にマイナスの影響をもたらす外部環境要因のことです。

具体的には、競合企業の行動、政府の規制強化などが当てはまります。

(4) 戦略ドメインの決定

現代のように市場環境が激変する時代では、いかに優良企業といえども、経営資源は限られているため、全市場を対象とする戦略を採用することは困難です。

そこで、市場環境にある「機会」と経営資源の中の「強み」となる要因を組み合わせ、これらを活かすことができる領域を明確にする必要があります。

戦略ドメインとは、企業のビジョンを達成するために必要な、自社が生存していくべき事業領域であり、図1-01にあるように、市場環境の分析と、経営資源の分析を行った上で策定されます。

戦略ドメインは、戦略的マーケティングの中核部分をなす概念であり、次の3つの要素によって構成されます。
①自社のターゲットとすべき「標的顧客」
②標的顧客が何を求めているのかという「顧客機能」
③顧客ニーズを満足させるために、自社がどのような経営資源の強みで対応できるかという「独自技術」

戦略ドメインの策定は、企業のビジョンを達成するために、「①標的顧客（だれに：Who）に、②顧客機能（何を：What）に合った、③独自技術（どのように：How）を提供していくことができるのか」を決定することです。

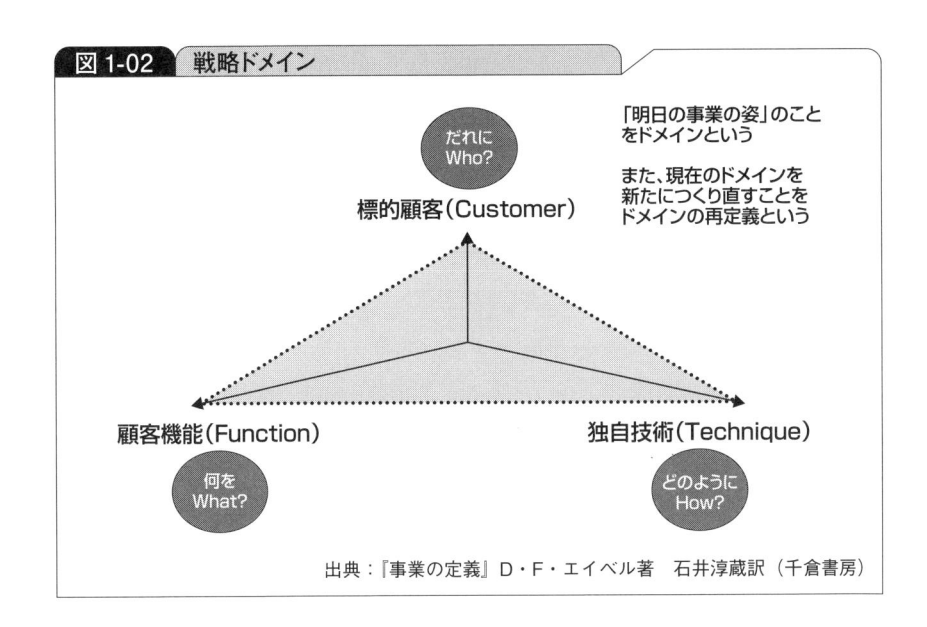

図1-02　戦略ドメイン

- 標的顧客(Customer)　だれに Who?
- 顧客機能(Function)　何を What?
- 独自技術(Technique)　どのように How?

「明日の事業の姿」のことをドメインという

また、現在のドメインを新たにつくり直すことをドメインの再定義という

出典：『事業の定義』D・F・エイベル著　石井淳蔵訳（千倉書房）

（5）企業の全体戦略の策定

　戦略ドメインを具体化するために、企業の全体戦略が策定されます。企業の中長期的な製品や事業などを計画する段階です。

　企業の全体戦略の策定には、製品・市場マトリックス（成長ベクトル）が用いられます。

　製品・市場マトリックスは、企業の全体戦略を市場浸透、新市場開拓、新製品開発、多角化の４つの象限で考えます（図1-03）。

　市場浸透とは、製品を変更せずに既存の市場セグメントに対する既存製品の売上を増加することにより、企業を成長させる戦略です。

図 1-03　製品・市場マトリックス（成長ベクトル）

		製品	
		既存	新規
市場	既存	市場浸透	新製品開発
	新規	新市場開拓	多角化

出典：『最新・戦略経営』H.I.アンゾフ著（産能大学出版部）

　新市場開拓とは、既存製品に対する新しい市場セグメントを開拓することにより、企業を成長させる戦略です。

　新製品開発とは、既存の市場セグメントに対し、改良製品または新製品を導入することにより、企業を成長させる戦略です。

　多角化とは、既存の製品群や既存の市場以外の新規の事業を開始したり、あるいは他社の事業を買収することにより、企業を成長させる戦略です。

(6) 事業部別戦略の策定

　多角化を図っている企業の場合、企業の全体戦略に基づき、各事業部別の戦略が策定されます。

　個別の事業部のことを、通常SBU（Strategic Business Unit：戦略的事業単位）と呼びます。SBUは、企業の全体戦略の範囲内で戦略を策定しなければならず、事業部別戦略は、企業の全体戦略との一貫性と統一性が強く求められます。

(7) 機能別戦略の策定

　機能別戦略でいう「機能」とは、生産部門や技術部門、人事部門、財

務部門、マーケティング部門など、企業の各部門を指しています。

　機能別戦略は，部門別の戦略であり、企業の全体戦略、事業部別戦略の範囲内で策定されます。

(8) 実行段階

　実行段階では、上記の戦略を現実のものとして遂行するとともに、それを管理することが中心的なテーマになります。

　マーケティング管理は、次のステップで行われます。

①計画化

　戦略に基づき、中長期・短期の計画書を作成します。

②組織化

　組織設計と人材配置を決定します。

③動機づけ

　組織のヒトに対する動機づけ、組織に順応するような動機づけを行います。

④統制

　実行活動・成果に対する評価を行い、その評価を次の戦略・計画に結びつけるためのフィードバックを行います。

section 1　DREAと戦略的マーケティング
section 2　DREAのフロー
section 3　事業理念の確認

PART 2

戦略的マーケティングと DREAの活用

今日から活用できる
戦略策定の新手法、DREAの概要と
フローについて理解する

section 1　戦略的マーケティングとDREAの活用

DREAと戦略的マーケティング

(1) DREAが生まれた背景

「企業内のだれでも戦略策定に携われないだろうか」「現場の意見を反映した柔軟な戦略を策定できないか」「営業現場が納得できる戦略を構築できないか」「多くの意見を取り入れ、顧客の要望に適合した戦略を構築できないか」といったクライアント企業の要望から、DREAは生まれました。

DREAは、"Domain Re-definition based on Environmental Analysis"の頭文字からとった言葉で、「環境分析に基づく事業領域再定義法」と訳されます。

SWOT分析、VRIO分析、5Forcesといった、戦略を策定する際のさまざまな環境分析手法を応用し、事業の問題点・課題を的確に把握し、事業ドメインを再定義し、中期経営計画の土台を固めるための一種のロジカル・シンキング手法です。

(2) 戦略策定の環境分析手法を応用

戦略策定に用いるさまざまな環境分析手法は、それぞれの手法を提案した学者が独自の見解に基づいて構築した理論であるため、理論間の互換性が乏しく、使いこなすには多くの知識が必要で、その学習のための時間がかかります。

また、通常のロジカル・シンキングの目的は、必ずしも戦略策定ではないため、戦略策定に用いる際には、高い応用力が問われます。

一方、DREAは、次項から述べる一連のプロセスを理解したら、す

ぐに戦略策定への活用が可能です。だれでも取り組むことができ、営業の現場や顧客の意見を取り入れた柔軟な戦略策定手法といえます。

図 2-01　理論の組み合わせ方が不明瞭な戦略策定

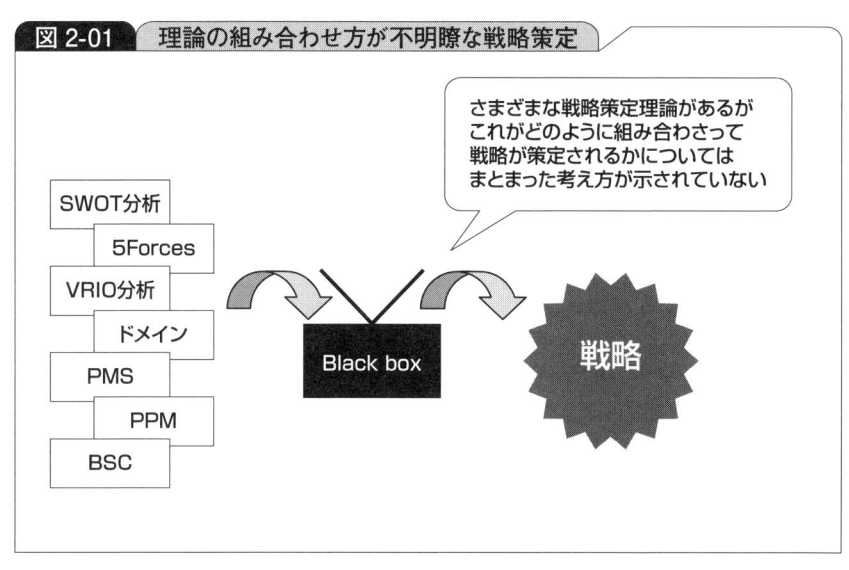

さまざまな戦略策定理論があるがこれがどのように組み合わさって戦略が策定されるかについてはまとまった考え方が示されていない

- SWOT分析
- 5Forces
- VRIO分析
- ドメイン
- PMS
- PPM
- BSC

→ Black box → 戦略

図 2-02　DREAによる事業戦略策定の「見える化」

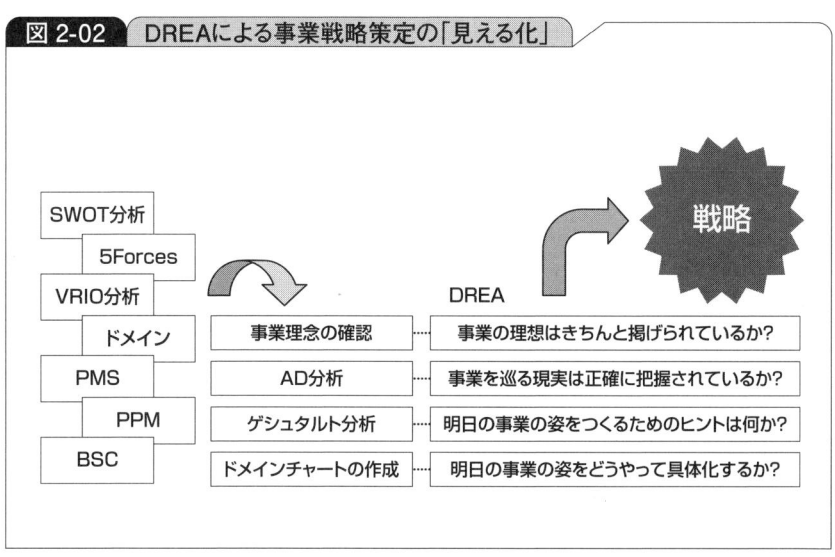

- SWOT分析
- 5Forces
- VRIO分析
- ドメイン
- PMS
- PPM
- BSC

DREA

事業理念の確認	事業の理想はきちんと掲げられているか？
AD分析	事業を巡る現実は正確に把握されているか？
ゲシュタルト分析	明日の事業の姿をつくるためのヒントは何か？
ドメインチャートの作成	明日の事業の姿をどうやって具体化するか？

→ 戦略

PART 2　戦略的マーケティングとDREAの活用

section 2　戦略的マーケティングとDREAの活用

DREAのフロー

(1) 事業理念の確認

　DREAは、現状分析（AD分析・ゲシュタルト分析）から事業の明日の姿（ドメイン）を再定義する手法です。しかし、現状分析だけを材料にドメインを再定義すると、独創性がなく、平坦でおもしろみにかけたドメインになりがちです。

　現状分析に基づいて、緻密で論理的な戦略を策定しても、経営者の意思や長年培ってきた企業の事業理念と相違があると、企業に受け入れられず、絵に描いた餅となります。事業理念とは、企業の「魂」となる部分です。

　さまざまな企業においてドメインの再構築をしていると、事業理念と的確な現状分析がそろうことで魅力的なドメインを再構築できることがわかります。そこでDREAの第一段階は、「事業理念の確認」になります。現状分析を始める前段階として、経営者や事業責任者に事業理念を確認する機会を設けましょう。

(2) AD分析

　事業理念を確認したら、AD分析とゲシュタルト分析をします。AD分析は、環境を分析するための手法です。AD分析は、事業を巡る現実の正確な把握が中心となります。詳しくは、PART3で説明します。

(3) ゲシュタルト分析

　AD分析が終了したら、ゲシュタルト分析です。ゲシュタルト分析は、

事業戦略策定の軸となる分析で、明日の事業の姿をつくるためのヒントを見つけるための手法です。

ゲシュタルト分析については、PART4で説明します。

(4) ドメインチャートの作成

ＡＤ分析とゲシュタルト分析の次は、ドメインチャートの作成です。ここでは、明日の事業の姿をどのように具体化するかが課題となります。

ドメイン・チャートについては、PART5で説明します。

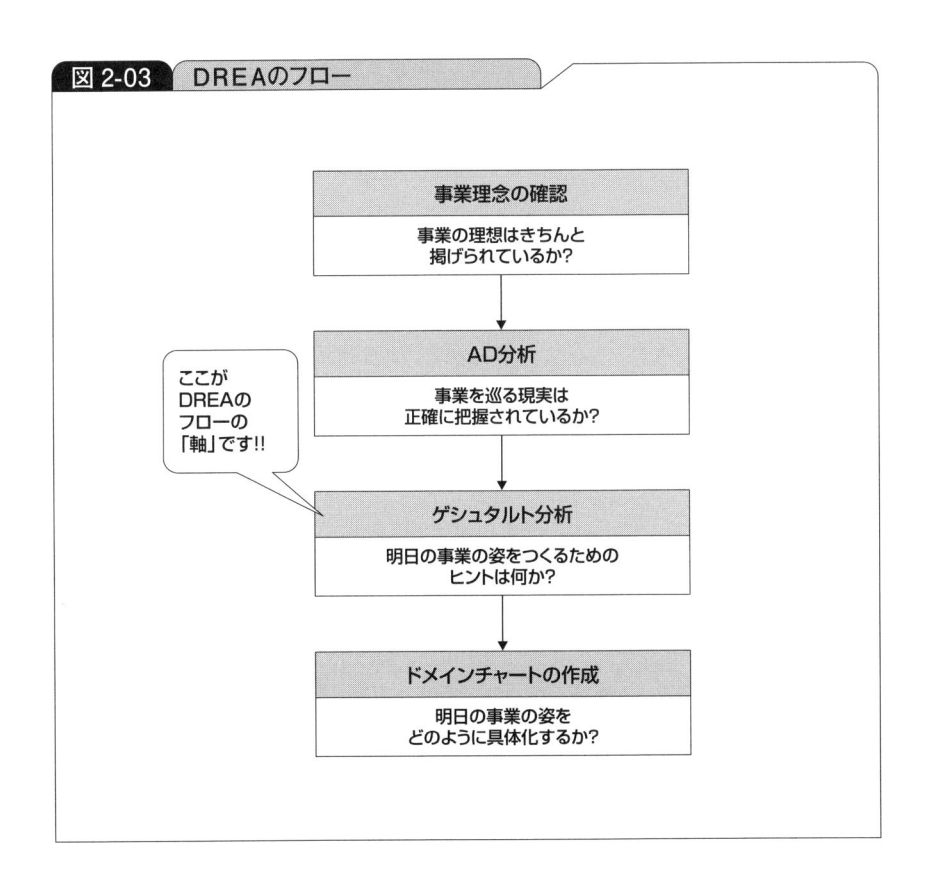

図2-03　DREAのフロー

```
           ┌─────────────────────┐
           │    事業理念の確認      │
           ├─────────────────────┤
           │  事業の理想はきちんと    │
           │   掲げられているか？    │
           └──────────┬──────────┘
                      ↓
           ┌─────────────────────┐
           │       AD分析          │
           ├─────────────────────┤
           │   事業を巡る現実は     │
           │  正確に把握されているか？│
           └──────────┬──────────┘
                      ↓
           ┌─────────────────────┐
           │   ゲシュタルト分析     │
           ├─────────────────────┤
           │  明日の事業の姿をつくるための │
           │    ヒントは何か？      │
           └──────────┬──────────┘
                      ↓
           ┌─────────────────────┐
           │   ドメインチャートの作成  │
           ├─────────────────────┤
           │    明日の事業の姿を     │
           │  どのように具体化するか？ │
           └─────────────────────┘
```

ここがDREAのフローの「軸」です!!

section 3　戦略的マーケティングとDREAの活用

事業理念の確認

(1) 事業理念とは何か

　成功している企業経営者は、必ず確固とした事業理念を持っています。事業理念とは、企業経営の根幹となる考え方です。
　例えば、化粧品業界の経営者には、次のような想いを持ってビジネスを始めた人がいるでしょう。

・美と健康についての地域一番店を目指したい。そのためには、化粧品だけでなく、総合的にエステと健康食品をお客様にお勧めしたい。
・働く女性を応援したい。世の中はまだまだ男性社会。不当な処遇が嫌で会社をやめた元ＯＬのみなさんに、もう一度仕事の場を提供していきたい。
・とにかく肌のトラブルに悩んでいる女性を助けてあげたい。医師ではないから治療はできないが、その分、内面的・精神的な問題を一緒に考えてあげたり、自分自身の経験に基づく予防法などを伝えていきたい。
・若返りたいという女性の願いを叶えることを自分の仕事にしたい。
・結婚式や同窓会のときに、「あなたは変わらないわね」とうらやましがられる女性を増やすことが目標。

　コンサルティングをしていると、非常に高尚な事業理念を持っている経営者や、顧客のために何ができるかを真剣に考えている経営者に出会います。しかし事業理念は、経営者が思っているほど、顧客や従業員に伝わっていないことが多いのも事実です。

みなさんが企業をコンサルティングする際には、まず経営者が抱いている事業理念を確認し、事業理念が明文化されている場合には、どのように発信しているか、従業員や顧客に伝達できているかどうかを確認しましょう。

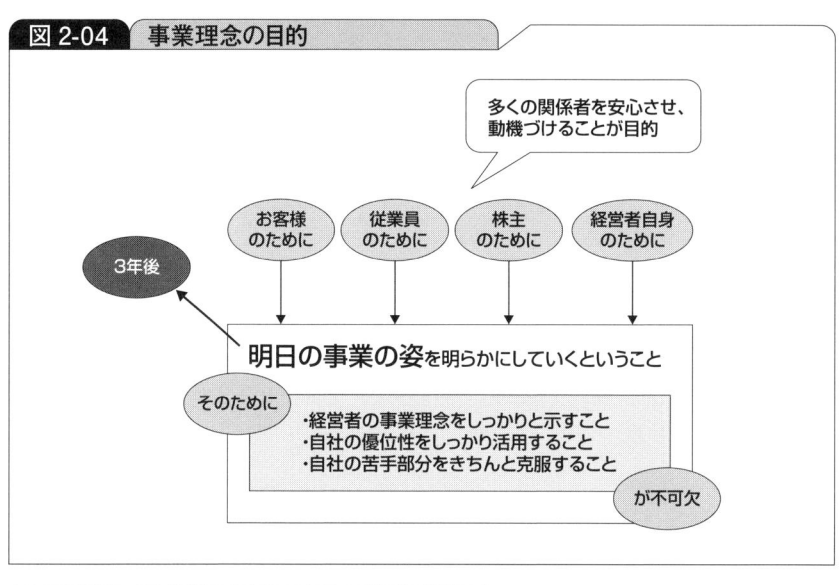

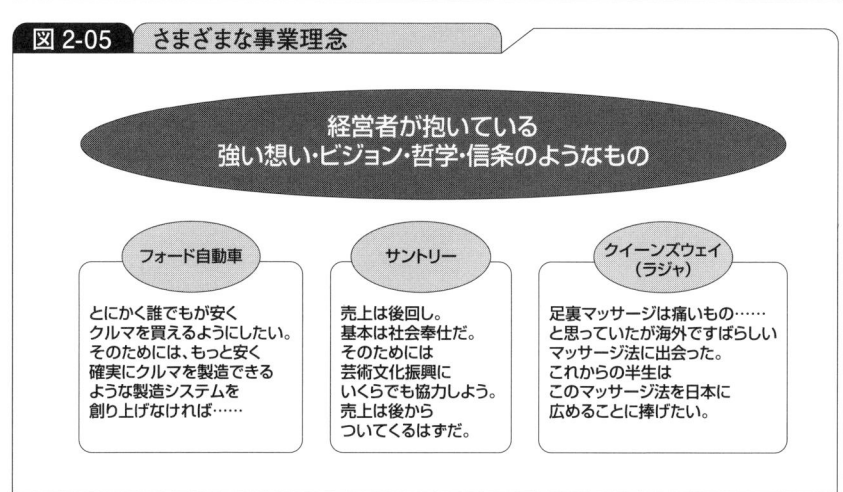

図 2-04　事業理念の目的

多くの関係者を安心させ、動機づけることが目的

- お客様のために
- 従業員のために
- 株主のために
- 経営者自身のために

→ 明日の事業の姿を明らかにしていくということ（3年後）

そのために
- 経営者の事業理念をしっかりと示すこと
- 自社の優位性をしっかり活用すること
- 自社の苦手部分をきちんと克服すること

が不可欠

図 2-05　さまざまな事業理念

経営者が抱いている
強い想い・ビジョン・哲学・信条のようなもの

フォード自動車
とにかく誰でもが安くクルマを買えるようにしたい。そのためには、もっと安く確実にクルマを製造できるような製造システムを創り上げなければ……

サントリー
売上は後回し。基本は社会奉仕だ。そのためには芸術文化振興にいくらでも協力しよう。売上は後からついてくるはずだ。

クイーンズウェイ（ラジャ）
足裏マッサージは痛いもの……と思っていたが海外ですばらしいマッサージ法に出会った。これからの半生はこのマッサージ法を日本に広めることに捧げたい。

PART 2　戦略的マーケティングとDREAの活用

(2) 事業理念を到達させる

　アメリカ・コネチカット州にあるスーパーマーケットのスチュー・レオナルドの例を紹介しましょう。徹底した顧客サービスで有名なスチュー・レオナルドには、視察で数回訪れたことがあります。

　訪問して毎回驚くのが、店頭にある企業のポリシーの石碑です。

　店の入口のすぐ脇に、一般的な男性の身長よりも高い石碑が立っています。石碑には、

RULE1　THE CUSTOMER IS ALWAYS RIGHT！

RULE2　IF THE CUSTOMER IS EVER WRONG, REREAD RULE 1.

という文字が刻まれています。

　石碑の文字の解釈にはさまざまな意見がありますが、
・「ルール1　お客様は常に正しい」
・「ルール2　ルール1に該当しないときには、もう一度ルール1に戻ること」
といったような意味で刻まれています。

　スチュー・レオナルドに視察に訪れるコンサルタントや同業者は後を絶たず、私が視察の順番を待っていると、世界各国からの視察の人が同じく順番待ちをしていました。

　視察では、店長やスタッフが、店舗においての顧客への対応や気遣いについて、事細かく説明していました。

　このように、石碑に刻んで事業理念を顧客にアピールするだけでなく、

具体的な取り組みについても、視察者への親切かつ詳細な説明によって全世界に発信し、従業員も誇りを持って仕事に取り組んでいる姿が印象的でした。

スチュー・レオナルドのように、事業理念が明文化されている場合にはわかりやすいのですが、明文化されていない場合には、経営者に対してヒアリングを行い、経営者が抱いている想いをくみ取る必要があります。

一方、経営者は、事業理念が顧客に到達するように伝達手段を考えることが重要です。

事業理念を明確にすることが、戦略的マーケティング成功の第一歩といえます。

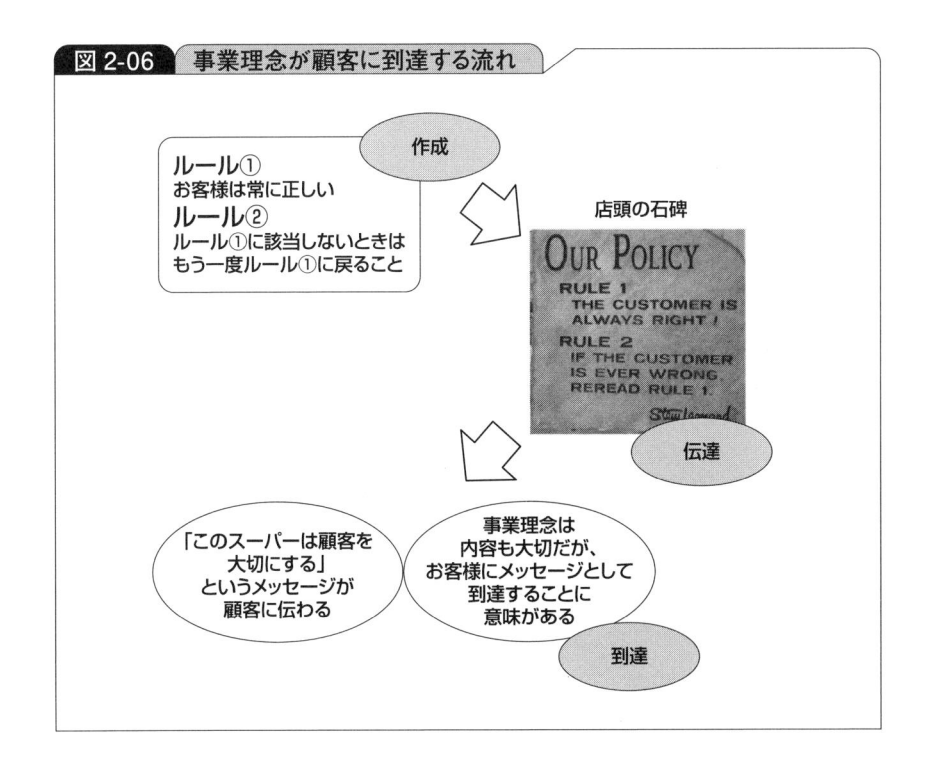

図2-06　事業理念が顧客に到達する流れ

作成

ルール①
お客様は常に正しい
ルール②
ルール①に該当しないときは
もう一度ルール①に戻ること

店頭の石碑

OUR POLICY
RULE 1
THE CUSTOMER IS
ALWAYS RIGHT !
RULE 2
IF THE CUSTOMER
IS EVER WRONG
REREAD RULE 1.
Stew Leonard

伝達

「このスーパーは顧客を大切にする」というメッセージが顧客に伝わる

事業理念は内容も大切だが、お客様にメッセージとして到達することに意味がある

到達

section 1 　企業を取り巻く環境を分析するAD分析
section 2 　AD分析の留意点
section 3 　付箋紙を用いたAD分析の手順
section 4 　AD分析の際のよくある質問
section 5 　強制発想法
section 6 　見えざる資産認識法

PART 3

AD分析

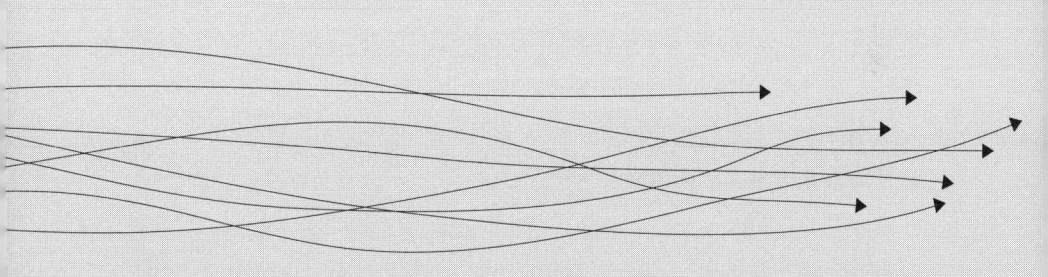

企業を取り巻く環境を
スムーズに分析するための手法である
AD分析の考え方と手順を把握する

section 1　AD分析

企業を取り巻く環境を分析する AD分析

(1) 戦略的マーケティングに必要な環境分析

　ＡＤ分析は、ＤＲＥＡにおける環境分析法です。これは事業を巡る現実を正確に把握するために、事業環境情報を、自社にとって有利な要因（advantage要因；Aチーム）と自社にとって不利な要因（disadvantage要因；Dチーム）とに分類する方法です。

　経営学で、外部環境と内部環境の分析に登場するＳＷＯＴ分析を簡素化し、柔軟性を高めた分析方法です。

(2) AD分析が必要な理由

　みなさんが「一人娘と一緒に住める２世帯住宅を建てたい！」と思ったとします。しかし、いくら家を建てることに対する強い想いがあっても、想いだけでは実現することは困難です。

①家を建てたいと思う理念と環境分析

　家を建てるには、将来の家族構成や現在の収入と将来の収入、用意すべき頭金や金融機関から借り入れる際の金利、他の家族の意見や周囲の生活環境など、いろいろなことを調べなければなりません。

　つまり、家を建てたいという、理念の明確化は必要ですが、家を建てるために、いろいろなことを調査するという環境分析が欠かせません。

②経営者の理念と経営環境の分析

　企業が事業戦略を立案するときも同様に、経営者が「『年より10歳若いわね』といわれる女性を創り続けたい！」と誓い、事業理念を明確化しても、そのための開発・生産・販売の設備、従業員の技術、製品知識、

美容の知識など自社の内外の経営資源を把握し、不足する経営資源を補わなければ、事業の将来像を具体化することはできません。

ＡＤ分析では、事業の将来像を具体化するため、現在の企業を取り巻く環境について整理します。

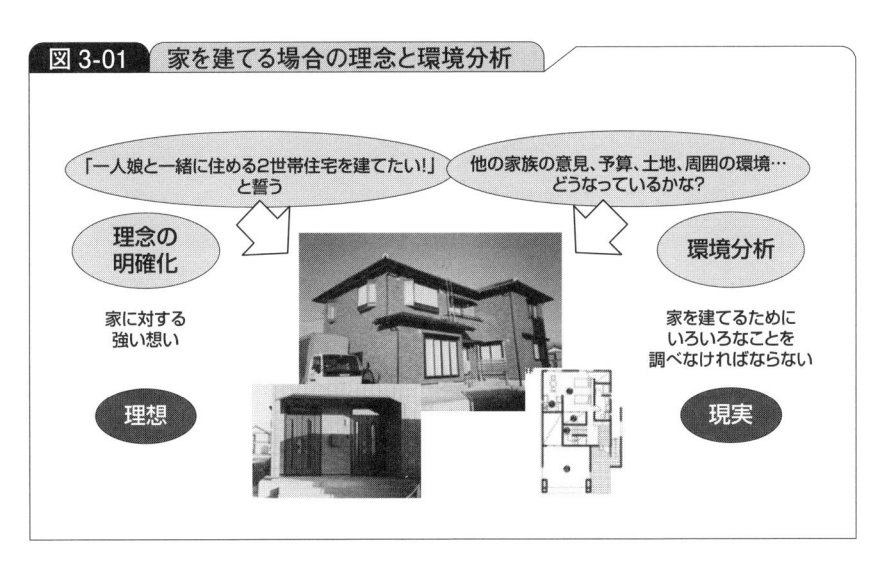

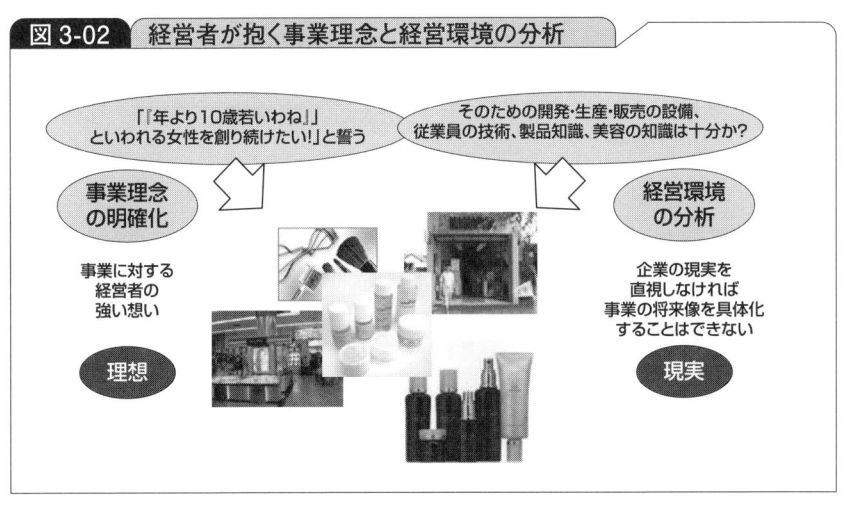

図 3-01　家を建てる場合の理念と環境分析

「一人娘と一緒に住める2世帯住宅を建てたい！」と誓う

他の家族の意見、予算、土地、周囲の環境…どうなっているかな？

理念の明確化

環境分析

家に対する強い想い

家を建てるためにいろいろなことを調べなければならない

理想

現実

図 3-02　経営者が抱く事業理念と経営環境の分析

「『年より10歳若いわね』」といわれる女性を創り続けたい！」と誓う

そのための開発・生産・販売の設備、従業員の技術、製品知識、美容の知識は十分か？

事業理念の明確化

経営環境の分析

事業に対する経営者の強い想い

企業の現実を直視しなければ事業の将来像を具体化することはできない

理想

現実

PART 3　ＡＤ分析

(3) SWOT分析とAD分析

　コンサルタントの方にDREAの講義をすると、「なぜ、SWOT分析ではなく、AD分析を用いるのでしょうか」という質問をよく受けます。

　DREAが誕生して間もない頃は、SWOT分析を使用していました。経営幹部や、戦略論を学習した人相手ならばSWOT分析で良かったのですが、新入社員やパート・アルバイトの人を巻き込んでSWOT分析を行うと、「強み」「弱み」「機会」「脅威」の４つに分類する作業自体に気をとられて、なかなか良い発想が出てこないことがわかりました。

　SWOT分析では、外部環境・内部環境とは何かを理解してもらわなければなりません。また、企業を巡る環境情報を「４つに分ける」というのは、「難しい」「複雑」ととられることも多くあります。

　SWOT分析については、PART7 section2で詳しく説明しますが、図3-03のようにプラス環境とマイナス環境に分かれています。そしてさらに、プラス環境は内部のプラス環境である「強み」と外部のプラス環境である「機会」に分かれ、マイナス環境は内部のマイナス環境である「弱み」と外部のマイナス環境である「脅威」に分かれます。

　従業員の人にSWOT分析をしてもらうと、プラス環境とマイナス環境を出すのはスムーズにできるのですが、それぞれを内部環境と外部環境に分けることが難しく、内容よりも内外に分けることに意識をとられてしまうケースが多く見られました。

　DREAは、現場の声を反映した戦略策定手法であるため、社員のだれもが負担なく取り組めるものであるべきです。

　そこで、外部環境と内部環境という垣根を取り払って、プラス要因とマイナス要因のみとしたAD分析を考案したのです。AD分析なら、単純明快で新入社員やパート・アルバイトの人でも簡単にできるため、現場におけるさまざまな視点からの良い発想が次々と出てくるようになり

図 3-03　SWOT分析と環境の関係

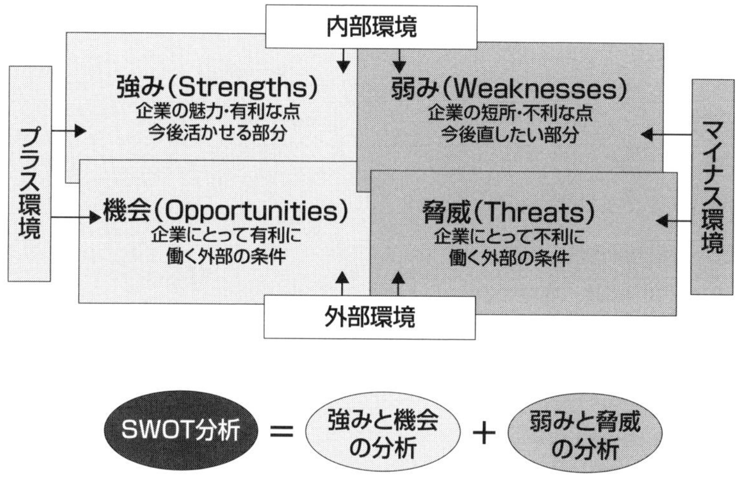

	内部環境		
プラス環境	**強み(Strengths)** 企業の魅力・有利な点 今後活かせる部分	**弱み(Weaknesses)** 企業の短所・不利な点 今後直したい部分	マイナス環境
	機会(Opportunities) 企業にとって有利に 働く外部の条件	**脅威(Threats)** 企業にとって不利に 働く外部の条件	
	外部環境		

SWOT分析 ＝ 強みと機会の分析 ＋ 弱みと脅威の分析

ました。

　特に顧客と直接接している人からの生の声は、どんな顧客のデータベースにある情報よりも有用な場合があります。

　ＡＤ分析は、「右か左か」「長所か短所か」「メリットかデメリットか」「得意分野か不得意分野か」という明快な分類のため、直感的に理解してもらえ、すぐやってみたくなる人が多いことも、多数の企業における導入でわかりました。

図3-04　ある化粧品会社のSWOT分析

強み(S)	弱み(W)
1. カタログ請求者の数が増えている 2. 開発力のある技術者を多数、中途採用した 3. ネット通販の仕組みを構築した 4. 社内のIT設備を一新した 5. IT関連の上級資格を持つ社長の後継者が来月帰国する	1. 画一的な製品が多く、他社との違いがあまり明確ではない 2. 技術者の半分は60歳以上の高齢者である 3. ネット通販の仕組みを使いこなせる人材が少ない 4. 顧客管理は営業マン個々に委ねられており、全社的に行われていない 5. 事業所が古くて狭く、増床も難しい
機会(O)	脅威(T)
1. TVCMの評判が良く、営業活動に好影響が期待できる 2.「自分に合った化粧品を使いたい」という女性が増えている	1. 化粧品は本当はあまり効果がないのでは？と疑う顧客が少なからず存在する 2. 大手他社がコンビニエンスストアと提携して化粧品売場の拡張を試みている 3. エステ店が化粧品販売に乗り出した 4. ドラッグストア利用者が増えている

> プラス環境だが、強みか機会かわからない……
> マイナス環境だが、弱みか脅威かわからない……

図 3-05　ある化粧品会社のAD分析

Aチーム advantage要因 (S・O)	Dチーム disadvantage要因 (W・T)
1. カタログ請求者の数が増えている 2. 開発力のある技術者を多数、中途採用した 3. ネット通販の仕組みを構築した 4. 社内のIT設備を一新した 5. IT関連の上級資格を持つ社長の後継者が来月帰国する 6. TVCMの評判が良く、営業活動に好影響が期待できる 7. 「自分に合った化粧品を使いたい」という女性が増えている	1. 画一的な製品が多く、他社との違いがあまり明確ではない 2. 技術者の半分は60歳以上の高齢者である 3. ネット通販の仕組みを使いこなせる人材が少ない 4. 顧客管理は営業マン個々に委ねられており、全社的に行われていない 5. 事業所が古くて狭く、増床も難しい 6. 化粧品は本当はあまり効果がないのでは？と疑う顧客が少なからず存在する 7. 大手他社がコンビニエンスストアと提携して化粧品売場の拡張を試みている 8. エステ店が化粧品販売に乗り出した 9. ドラッグストア利用者が増えている

強みなのか？　機会なのか？
弱みなのか？　脅威なのか？
を考える必要がないため、単純明快！

PART 3　AD分析

section 2　AD分析

AD分析の留意点

(1) 事前の情報収集の必要性

　企業にＤＲＥＡを導入し、ＡＤ分析をする際には、事前の情報収集が大前提となります。

　そして企業を取り巻く経営環境を正確に把握するためには、さまざまな視点からの基本情報が重要になります。

　店舗情報や顧客情報、労働環境の情報や競合他社情報など、特に重要な基本情報が欠如していると、正確なＡＤ分析はできません。

　あるクライアント先でＤＲＥＡを導入した際には、マネジャーたちが本社や各支店に連絡して、ＡＤ分析に必要な情報をすべて送ってもらってから始めたこともありました。

　偏った情報で、戦略ドメインを構築することほど危ないことはありません。事前の情報収集が不完全な場合は、ただちに分析作業を中止し、手分けしてあらゆる手段を用いて不足している情報の収集を行いましょう。

(2) 前向き発想の重要性

　企業にＤＲＥＡを導入しＡＤ分析を行っていると、同じようなキーワードでもネガティブな発想の人とポジティブな発想の人では、その判断がＡとＤに分かれることがあります。

　例えば、次のような要因は、ＡとＤのどちらに当てはまるでしょうか。
①従業員の年齢構成を見たら、60代半ばが多いことがわかった。
②自店のすぐ近くに巨大なスーパーマーケットができた。

①の場合には、人件費や従業員の年齢構成から見れば、Ｄチームと見ることもできますが、すぐれた技術を業界の若手従業員に伝えていくインストラクターがそろっていると考えると、Ａチームと捉えることもできます。

　よく、高齢者が多いと、活気がないという人がいますが、ＤＥＲＡを導入した墨田区のある工場では、60歳以上の作業員が、50代の作業員よりも元気が良く、工場全体に活気を与えていました。また、60歳以上の人はみな熟練技能工でミスが少ないため、仕事に対するロスも少ないことが調査の結果わかりました。

　②の場合には、Ｄチームと見ることもできますが、スーパーマーケットの出店によって来街者が増加し、それに伴って自店の来店者が増えることで、売上アップにつながる可能性もあり、Ａチームと捉えることもできます。

　実際に、ショッピングセンターの建設計画が持ち上がったある地域で、こんな話があります。

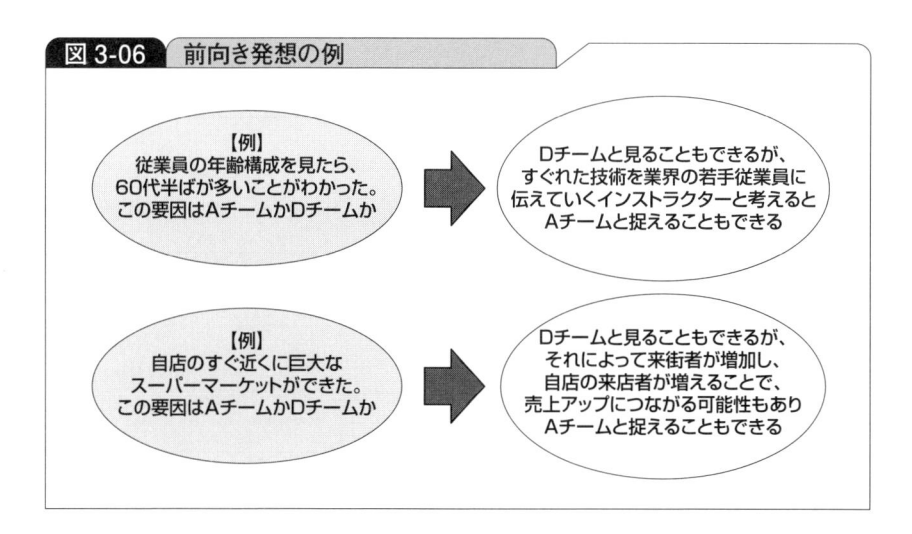

図 3-06　前向き発想の例

【例】
従業員の年齢構成を見たら、60代半ばが多いことがわかった。この要因はＡチームかＤチームか

→ Ｄチームと見ることもできるが、すぐれた技術を業界の若手従業員に伝えていくインストラクターと考えるとＡチームと捉えることもできる

【例】
自店のすぐ近くに巨大なスーパーマーケットができた。この要因はＡチームかＤチームか

→ Ｄチームと見ることもできるが、それによって来街者が増加し、自店の来店者が増えることで、売上アップにつながる可能性もありＡチームと捉えることもできる

地元の商店街では、顧客が奪われてしまうと、早くから反対運動の集会を開催していました。

しかし、ショッピングセンターが実際に建設されると、いままで駐車場のなかった商店街に、ショッピングセンターの駐車場に車を止めた顧客が来街するようになり、売上が増加した店舗が多数あることがわかりました。

飲食店にいたっては、来街者の増加で新規出店が増え、ショッピングセンターができる前の3倍の店舗数になりました。

AD分析の判断は、人によってまちまちですが、Aチームの要因を増やすためには、何よりもまず前向き発想が必要となります。

(3) AD分析の補正

前向き発想や新たな情報の収集により、すでに行ったAD分析も補正が必要な場合もあります。

35ページの図3-05「ある化粧品会社のAD分析」をもう一度見てください。

図3-07のAD分析を見ると、図3-05ではDチーム要因にあった「技術者の半分は60歳以上の高齢者である」という要因は、前向き発想でAチーム要因になりました。

また、情報収集により、「商圏内のインターネット使用者の人口が増加している」ことと、「オゾン層の破壊が進むにつれ、紫外線予防を心掛ける女性が増えそうである」ことがわかり、Aチーム要因に加えられました。

(4) 付箋紙を用いたAD分析

企業にDREAを導入する際には、付箋紙を用いてAD分析をすると効果的です。

図 3-07　前向き発想と情報収集による修正

Aチーム (advantage team)	Dチーム (disadvantage team)

前向き発想 ←

Aチーム
1. カタログ請求者の数が増えている
2. <u>技術者の半分は60歳以上の高齢者である</u>
3. 開発力のある技術者を多数, 中途採用した
4. ネット通販の仕組みを構築した
5. 社内のIT設備を一新した
6. IT関連の上級資格を持つ社長の後継者が来月帰国する
7. TVCMの評判が良く、営業活動に好影響が期待できる
8. 「自分に合った化粧品を使いたい」という女性が増えている
9. <u>商圏内のインターネット使用者の人口が増加している</u>
10. <u>オゾン層の破壊が進むにつれ、紫外線予防を心掛ける女性が増えそうである</u>

Dチーム
1. 画一的な製品が多く、他社との違いがあまり明確ではない
2. ネット通販の仕組みを使いこなせる人材が少ない
3. 顧客管理は営業マン個々に委ねられており、全社的に行われていない
4. 事業所が古くて狭く、増床も難しい
5. 化粧品は本当はあまり効果がないのでは？と疑う顧客が少なからず存在する
6. 大手他社がコンビニエンスストアと提携して化粧品売場の拡張を試みている
7. エステ店が化粧品販売に乗り出した
8. ドラッグストア利用者が増えている

情報収集

PART 3　AD分析

図3-08　付箋紙によるAD分析（例）

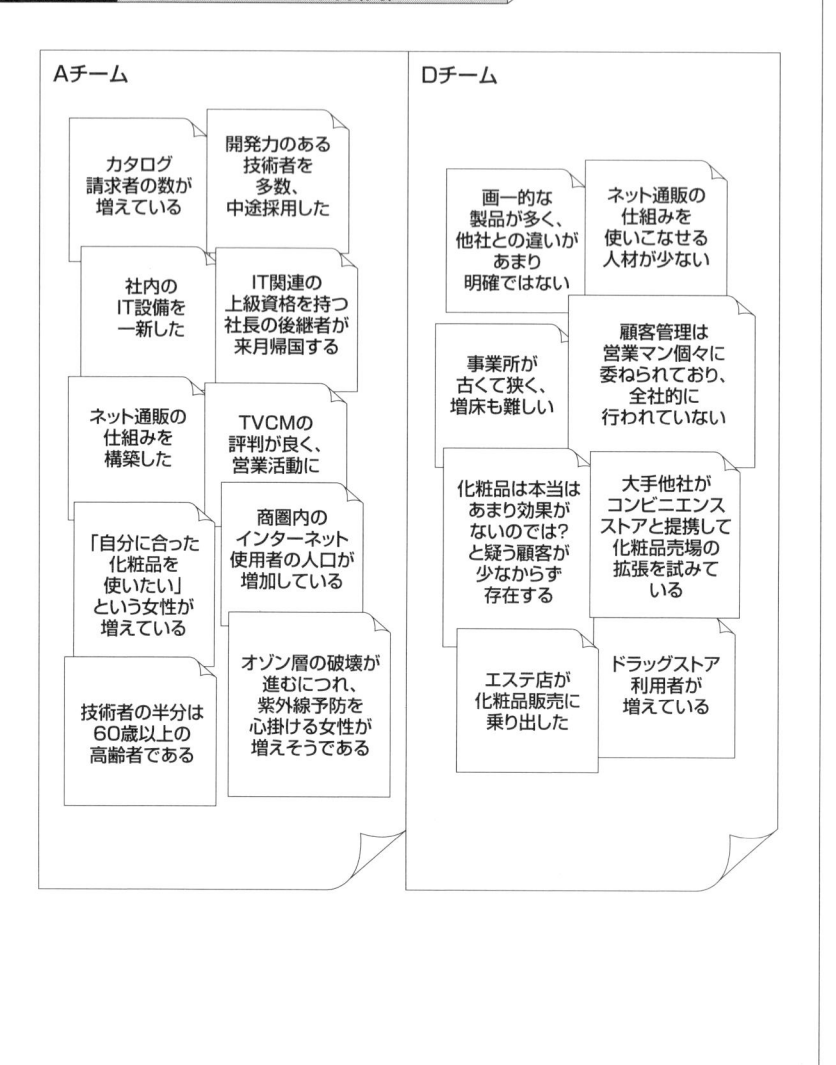

Aチーム

- カタログ請求者の数が増えている
- 開発力のある技術者を多数、中途採用した
- 社内のIT設備を一新した
- IT関連の上級資格を持つ社長の後継者が来月帰国する
- ネット通販の仕組みを構築した
- TVCMの評判が良く、営業活動に
- 「自分に合った化粧品を使いたい」という女性が増えている
- 商圏内のインターネット使用者の人口が増加している
- 技術者の半分は60歳以上の高齢者である
- オゾン層の破壊が進むにつれ、紫外線予防を心掛ける女性が増えそうである

Dチーム

- 画一的な製品が多く、他社との違いがあまり明確ではない
- ネット通販の仕組みを使いこなせる人材が少ない
- 顧客管理は営業マン個々に委ねられており、全社的に行われていない
- 事業所が古くて狭く、増床も難しい
- 化粧品は本当はあまり効果がないのでは？と疑う顧客が少なからず存在する
- 大手他社がコンビニエンスストアと提携して化粧品売場の拡張を試みている
- エステ店が化粧品販売に乗り出した
- ドラッグストア利用者が増えている

20人の従業員に対して、一度に全員の意見を聞くと混乱するため、4人ひと組の5班でＡＤ分析をするとしましょう。

　自分のノートに書いてＡかＤかの判断を行う場合には、自分の所属している班員には、自分が思いついたＡ要因やＤ要因は見えるかもしれませんが、他の班の人は見ることができません。

　先ほど、ＡＤ分析の情報収集の必要性について紹介しました。自分の班では出てこない他の班の意見は、貴重な情報です。

　そこで付箋紙を用いることにより、自分が記入したＡ要因やＤ要因を他の班のメンバーでも見られるようにし、他の班のメンバーが記入したＡ要因やＤ要因を見ることができるようにすることで、情報の幅が広がります。

　ＡＤ分析はテストではありません。相互に「カンニング」もありの手法です。

　コンサルタントは、企業にとってより良いドメインを構築するために、相互の情報共有を促すように、ファシリテーションしましょう。

　また、貼る、はがすが自由である付箋紙を用いることで、前向き発想の際のＤチームからＡチームへの移動もスムーズに行えます。

　付箋紙を使用するときには、Ａ３の紙２枚を台紙として活用するか、ホワイトボードを区切ることで台紙代わりにすることができます。

　図3-07のＡＤ分析について付箋紙を使用すると、図3-08のようになります。

　付箋紙を用いたＡＤ分析の手順は次項で解説します。

| section 3 | AD分析 |

付箋紙を用いたAD分析の手順

(1) AD分析の手順
　先ほど紹介したとおり、複数のメンバーでAD分析を行う場合には、付箋紙を用いると効果的です。その手順は図3-09のとおりです。

(2) カードの用意
　ADの要因を記入するカードは、標準的な7.5cm角の付箋紙です。付箋紙にはさまざまな色がありますが、1色にそろえたほうが、できあがった際に見やすくなります。
　その付箋紙と台紙（またはホワイトボード）、黒のサインペン（人数分）を用意します。サインペンはあまり線の細いものでないほうが、他の班のメンバーにとって見やすくなります。

(3) Aチーム担当とDチーム担当のメンバー分け
　4人ひと組の班の場合には、班のメンバーを二手に分けて、2人がAチーム要因を挙げていき、もうひと組の2人がDチーム要因を挙げるようにするとスムーズに進行できます。

(4) チームごとに要因を洗い出し、貼り付け
　制限時間を決めて、ひたすら、Aチーム要因とDチーム要因を挙げていきます。どちらがより多く挙げることができるかを競わせると、多くのAD要因を挙げることができます。
　また、Aチーム要因とDチーム要因が出そろったところでメンバー交

代をすると、他の要因が出ることがあります。

(5) 全員でAチーム要因とDチーム要因を調整

Aチーム要因とDチーム要因が出そろったら、メンバー全員で各要因に過不足がないか、前向き発想になっているか、情報不足はないかなどの検討を行い、調整します。

(6) 付箋紙へのナンバリング

Aチーム要因とDチーム要因を記入した付箋紙に対してコンセンサスがとれたら、各付箋紙に、A1、A2、A3……、D1、D2、D3……というようにナンバリング（番地づけ）を行います。

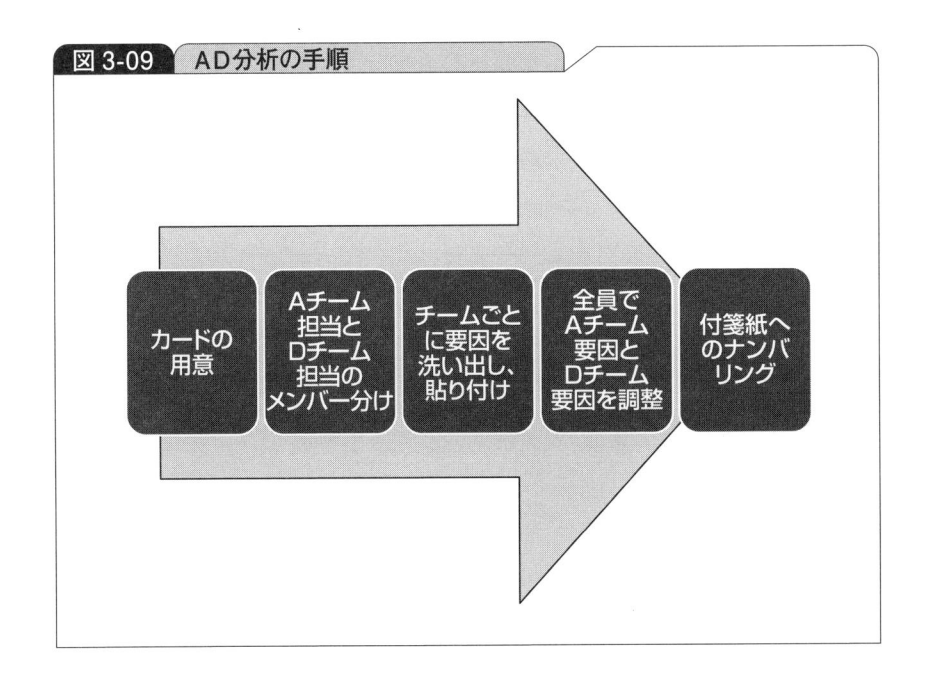

図3-09　AD分析の手順

カードの用意 → Aチーム担当とDチーム担当のメンバー分け → チームごとに要因を洗い出し、貼り付け → 全員でAチーム要因とDチーム要因を調整 → 付箋紙へのナンバリング

section 4　AD分析

AD分析の際のよくある質問

　企業でAD分析をしていると、次のような質問がよくあります。AD分析を実施する上での注意点として考えてください。

（質問1）
　「付箋紙を使ってAD分析する際、書き方について何かポイントはありますか？」

（回答1）
　付箋紙にまとめるときのポイントには、原則として1枚にひとつの情報のみを記入する「1情報1付箋紙の原則」と、判断や理由は括弧に括り、事実と切り離して書く「事実中心の原則」があります。
　1枚の付箋紙に、複数の事項をまとめて記入すると、A要因、D要因の数が少なくなり、後ほど紹介するゲシュタルト分析が困難になります。
　また判断や理由を事実と並列して付箋紙に記入すると、事実がぼやける恐れがあります。

（質問2）
　「各々の付箋紙に、事実だけではなく理由まで書きこんだほうが良いですか？」

（回答2）
　先ほどと同じような質問ですが、付箋紙のサイズが十分に大きければ、

理由も括弧で括るなど、事実と切り離して書いておいたほうが親切です。ただし、文字が小さくなる等の物理的な問題もあるため、話し合いの中で口頭で補足しても良いでしょう。

しかし、個人でAD分析する場合には、後日、自分が忘れないように理由や背景も書いておいたほうが良いでしょう（図3-10）。

（質問3）

「企業において『顧客カルテの存在』はAチーム要因だと思いますが、うまく使われていないのであれば、Dチーム要因に入れるべきだという意見も出ています。どうすれば良いでしょうか？」

（回答3）

企業に「顧客カルテ」が存在している場合には、存在していない場合と比べれば、Aチーム要因となりますが、宝の持ち腐れになっている場合には、活用できていないという判断でDチーム要因とも考えられます。

このような場合には、Aチーム要因とDチーム要因にそれぞれ情報を

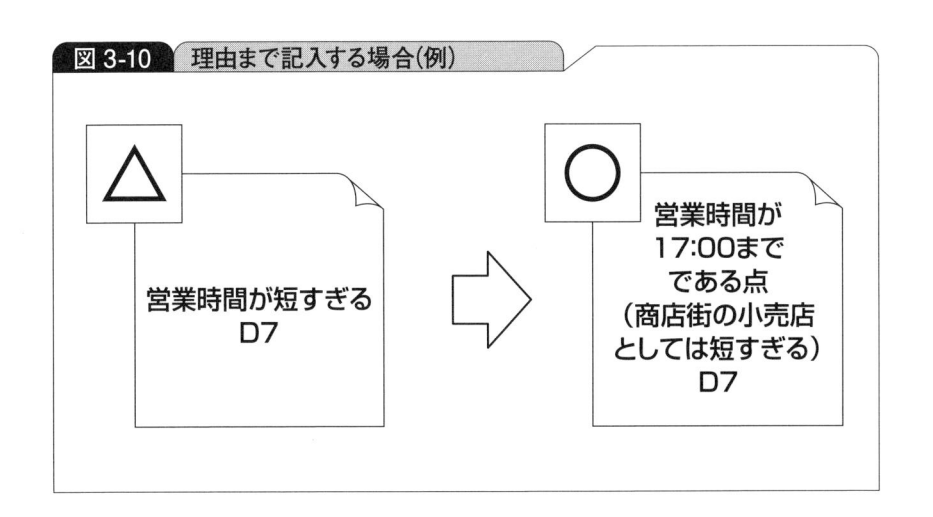

図3-10　理由まで記入する場合(例)

△　営業時間が短すぎる D7　⇒　○　営業時間が17:00までである点（商店街の小売店としては短すぎる）D7

分けて処理すると良いでしょう（図3-11）。

（質問４）
「『技術者の半分は60歳以上である』『技術者の大半は高齢者である』というように、同じようなカードが出てきたら、どうしたら良いでしょうか？」

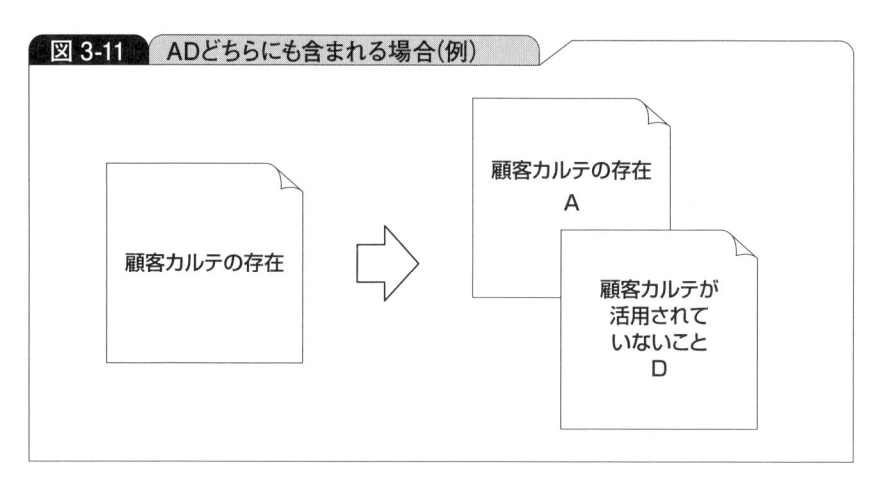

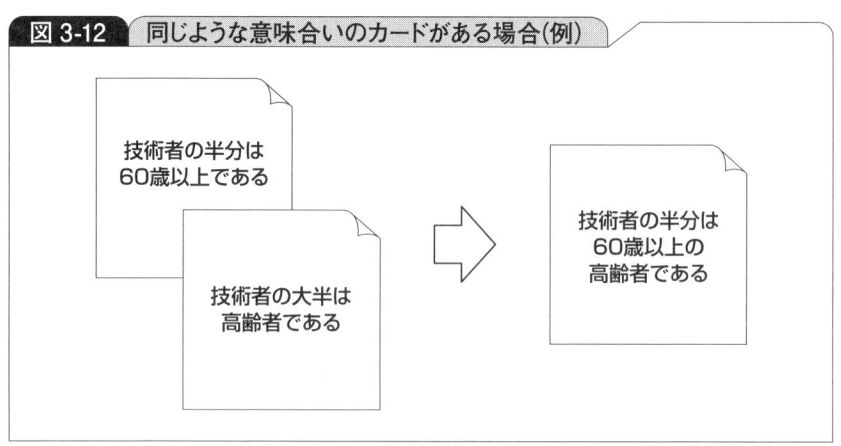

図 3-11　ADどちらにも含まれる場合(例)

顧客カルテの存在　⇒　顧客カルテの存在 A／顧客カルテが活用されていないこと D

図 3-12　同じような意味合いのカードがある場合(例)

技術者の半分は60歳以上である／技術者の大半は高齢者である　⇒　技術者の半分は60歳以上の高齢者である

(回答4)

　同じような意味合いのカードが複数あると、ゲシュタルト分析（PART4参照）の際に混乱する恐れがあります。そこで1枚のカードに集約しましょう。

　付箋紙を用いてAD分析を行う場合には、①複数のカードを代表する情報を持つカードを新たに1枚つくるか、②最も代表的なカードを残して、他のカードを削除すれば良いでしょう（図3-12）。

(質問5)

「『技術者の半分は60歳以上の高齢者である』という情報は、前向き発想で考えれば、Aチーム要因に分類でき、そうでなければDチーム要因にも分類できます。どのように扱えば良いでしょうか？」

(回答5)

　Aチーム要因とDチーム要因のどちらにもとれる情報は、両方に分類しておけば良いでしょう。付箋紙を用いてAD分析を行う場合には、同

図3-13　ADどちらにもとれる場合(例)

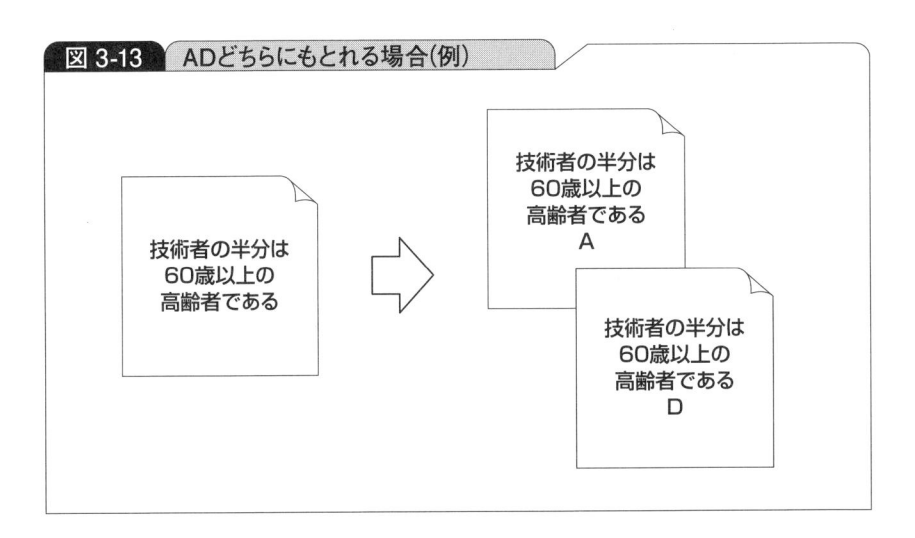

じカードを2枚に複製し、Aチーム要因とDチーム要因の両方に入れておきましょう（図3-13）。

(質問6)
「ケース・スタディ（図3-14）を用いてＡＤ分析を行う場合、与えられた条件を過不足なくＡＤ分析できているかどうかをチェックするのに、良い方法はないでしょうか？」

(回答6)
　この場合、漫然と台紙やホワイトボードに貼られた付箋紙のＡＤ分析結果を見ていても、チェックすることはできないでしょう。
　与件情報を1センテンスずつチェックするのが、もっとも確実です。ＡＤ分析のチェックは、分析結果を軸としたチェックをするのではなく、与件情報を軸としたチェックをするようにしましょう。

　企業でコンサルティングをしていると、作業実務の場面で、エクセルデータのような数値情報（定量情報）についてはチェックや検算を必死に行う組織が多いのですが、数値化できない定性情報については、ざっと眺めて、「こんな感じかな」と満足してしまうケースが多いようです。
　工場や営業現場、店舗販売における改善のヒントは、定量情報よりも定性情報に多くあります。そうした改善のヒントを活かすには、集めた情報が「Aチーム要因か」「Dチーム要因か」をしっかりと検討・チェックする習慣を持つことが必要です。

図3-14 ケーススタディ(例)

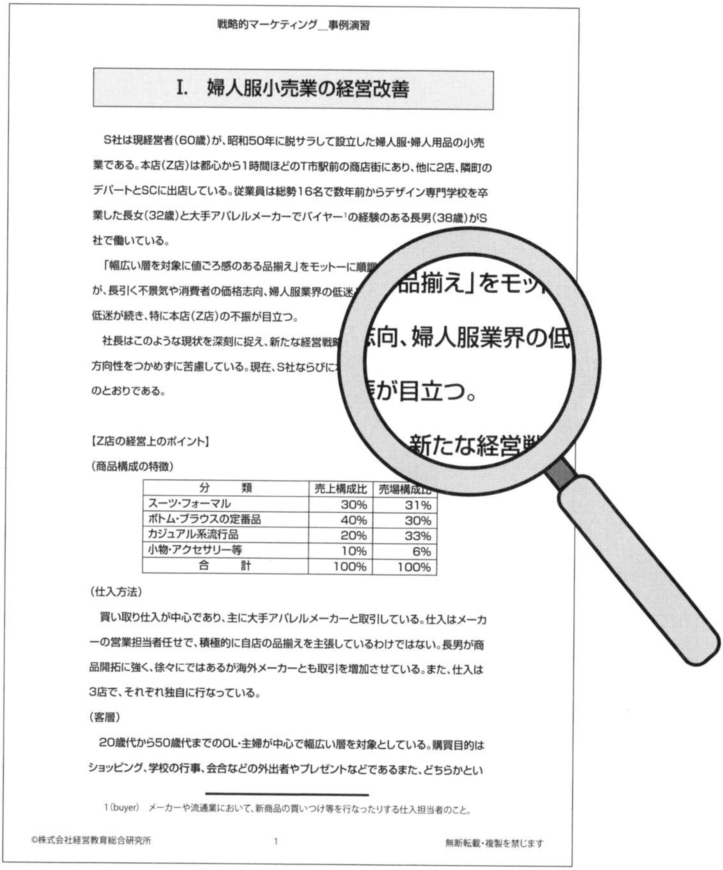

戦略的マーケティング＿事例演習

I. 婦人服小売業の経営改善

S社は現経営者(60歳)が、昭和50年に脱サラして設立した婦人服・婦人用品の小売業である。本店(Z店)は都心から1時間ほどのT市駅前の商店街にあり、他に2店、隣町のデパートとSCに出店している。従業員は総勢16名で数年前からデザイン専門学校を卒業した長女(32歳)と大手アパレルメーカーでバイヤー[1]の経験のある長男(38歳)がS社で働いている。

「幅広い層を対象に値ごろ感のある品揃え」をモットーに順調（にきたが、長引く不景気や消費者の価格志向、婦人服業界の低迷（もあり、売上低迷が続き、特に本店(Z店)の不振が目立つ。

社長はこのような現状を深刻に捉え、新たな経営戦略（の立案、方向性をつかめずに苦慮している。現在、S社ならびにZ店の現状は以下のとおりである。

【Z店の経営上のポイント】
(商品構成の特徴)

分類	売上構成比	売場構成比
スーツ・フォーマル	30%	31%
ボトム・ブラウスの定番品	40%	30%
カジュアル系流行品	20%	33%
小物・アクセサリー等	10%	6%
合計	100%	100%

(仕入方法)
買い取り仕入が中心であり、主に大手アパレルメーカーと取引している。仕入はメーカーの営業担当者任せで、積極的に自店の品揃えを主張しているわけではない。長男が商品開拓に強く、徐々にではあるが海外メーカーとも取引を増加させている。また、仕入は3店で、それぞれ独自に行なっている。

(客層)
20歳代から50歳代までのOL・主婦が中心で幅広い層を対象としている。購買目的はショッピング、学校の行事、会合などの外出者やプレゼントなどである。また、どちらとい

---
1 (buyer) メーカーや流通業において、新商品の買いつけ等を行なったりする仕入担当者のこと。

©株式会社経営教育総合研究所　　無断転載・複製を禁じます

PART 3　AD分析

section 5　AD分析
強制発想法

　AD分析をしていると、Aチーム要因とDチーム要因がなかなか出てこない場合があります。
　たくさんのAチーム要因とDチーム要因を出してもらうためには、コンサルタントのファシリテーション力も必要ですが、「強制発想法」と「見えざる資産認識法」を用いると、新たな視点からAチーム要因とDチーム要因が見つけやすくなります。

(1) 強制発想法の目的
　強制発想法は集団によるアイディア創出法のうち、メンバーが発想する方向に制限を加える発想法です。「付箋紙を用いたAD分析」に強制発想法を応用する場合には、重畳的AD分析を行うと効果的です。
　重畳的AD分析はAチーム要因、Dチーム要因に別の切り口を入れることで、発想の促進と不足している要素の気づきを与える方法です。
　重畳的AD分析は、AD要因の情報を厳密に仕分けることが目的ではありません。DREAを導入していると、社員の多くは、そちらに目がいきがちになりますが、重要なのは「空欄」の発見と補充です。
　重畳的AD分析の際に、コンサルタントは、「空欄が気になりますね」「空欄があってバランスが悪いですね」「もうちょっとアイディアを出してみましょう」などとグループの「完成の欲求」を喚起することが必要です。
　また、Aチーム要因とDチーム要因だけでは、考える上で自由度が高く、逆に意見が出ないことがあります。そこで制限を追加することで意

見が出やすくなることがあります。

(2) 重畳的AD分析①（ドメインの要素別発想）

Aチーム要因とDチーム要因を発想する場合に、「標的顧客」「顧客機能」「経営資源（独自技術を拡張した考え方）」という、ドメインの要素別に制限を加えて発想を促します（PART5参照）。

自社のターゲットとすべき「標的顧客」、「標的顧客」に対して何を提供できるのかという「顧客機能」、顧客ニーズに対応するための自社の「経営資源」という制限を加えることにより、AD分析を行ったメンバーが、自社の戦略ドメインのうち、どの要素に関心を持っているのか、どの要素への関心が不足しているのかがわかります。

(3) 重畳的AD分析②（経営資源別発想）

Aチーム要因とDチーム要因を発想する場合に、「ヒト（人）」「モノ（設備・商品）」「カネ（資金）」「情報・ノウハウ」という、経営資源の要素

図3-15　ドメインの要素別発想

	Aチーム	Dチーム
標的顧客		
顧客機能		
経営資源		

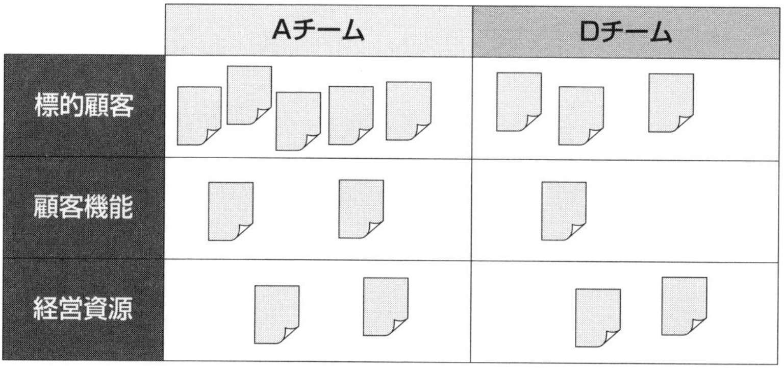

別に制限を加えて発想を促します。

　自社の経営資源である「ヒト（人）」「モノ（設備・商品）」「カネ（資金）」「情報・ノウハウ」の制限を加えることにより、ＡＤ分析を行ったメンバーが、自社の経営資源のうち、どの要素に関心を持っているのか、どの要素への関心が不足しているのかがわかります。

(4) 重畳的ＡＤ分析③（組織・部門別発想）

　Ａチーム要因とＤチーム要因を発想する場合に、「営業」「研究開発」「生産」「本部（財務・総務・人事）」という、組織・部門別に制限を加えて発想を促します。

　自社組織の部門である「営業」「研究開発」「生産」「本部（財務・総務・人事）」の制限を加えることにより、ＡＤ分析を行ったメンバーが、自社の組織のうち、どの部門に関心を持っているのか、自社のどの部門の取り組みやＡチーム要因が不足しているのかがわかります。

図 3-16　経営資源別発想

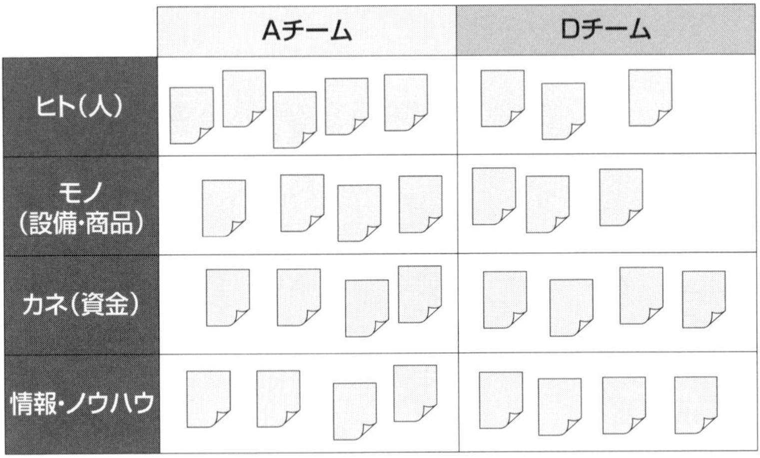

	Ａチーム	Ｄチーム
ヒト（人）		
モノ（設備・商品）		
カネ（資金）		
情報・ノウハウ		

(5) 重畳的AD分析④（マーケティングの4P的発想）

Aチーム要因とDチーム要因を発想する場合に、「製品（Product）」「価

図 3-17　組織・部門別発想

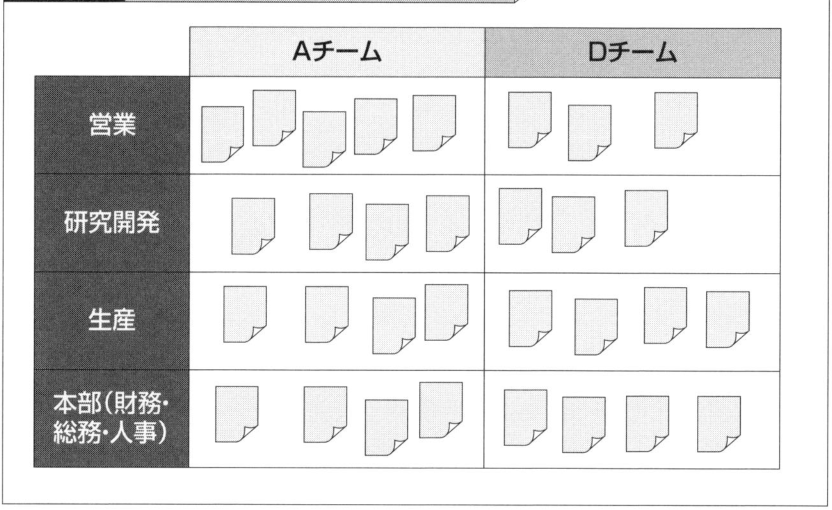

	Aチーム	Dチーム
営業	📝📝📝📝	📝📝📝
研究開発	📝📝📝📝	📝📝
生産	📝📝📝	📝📝📝📝
本部（財務・総務・人事）	📝📝📝	📝📝📝

図 3-18　マーケティングの4P的発想

	Aチーム	Dチーム
Product	📝📝📝📝	📝📝
Price	📝📝📝	📝📝
Promotion	📝📝	📝📝📝📝
Place	📝📝📝	📝📝📝

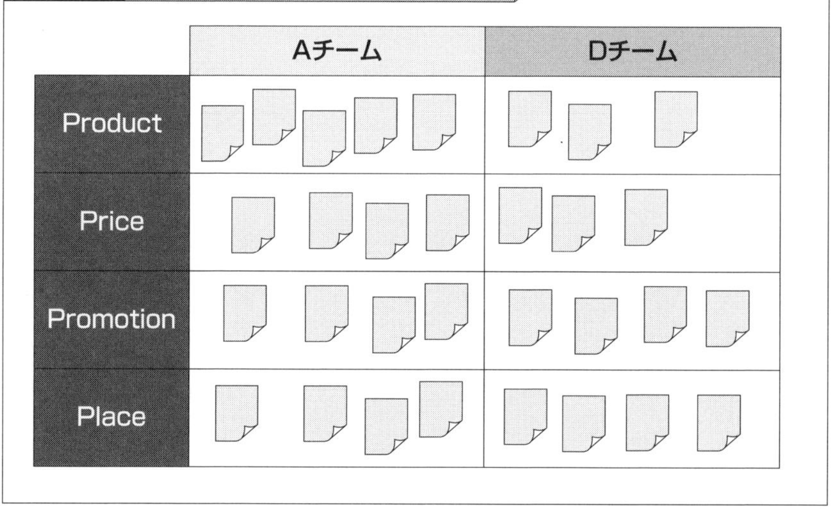

格（Price）」「販売促進（Promotion）」「場所（Place）」という、マーケティングの４Ｐの要素別に制限を加えて発想を促します。

自社のマーケティングの４Ｐである「製品（Product）」「価格（Price）」「販売促進（Promotion）」「場所（Place）」の制限を加えることにより、ＡＤ分析を行ったメンバーが、自社のマーケティングの４Ｐのうち、どの要素に関心を持っているのか、どの要素への関心が不足しているのかがわかります。

(6) 重畳的ＡＤ分析⑤（マーケティング環境別発想）

Ａチーム要因とＤチーム要因を発想する場合に、「統制可能な内部環境」「準統制可能なミクロ環境」「統制不可能なマクロ環境」という、マーケティング環境の要素別に制限を加えて発想を促します。

環境の中でも社内の問題（例：営業の人数が少ない、部署間の連携が取れていない）などのように、統制可能（解決可能）なものがあります。これは「統制可能な内部環境」に分けられます。企業として何らかの対

図 3-19　マーケティング環境別発想

		Ａチーム	Ｄチーム
統制可能	内部環境		
準統制可能	ミクロ環境		
統制不可能	マクロ環境		

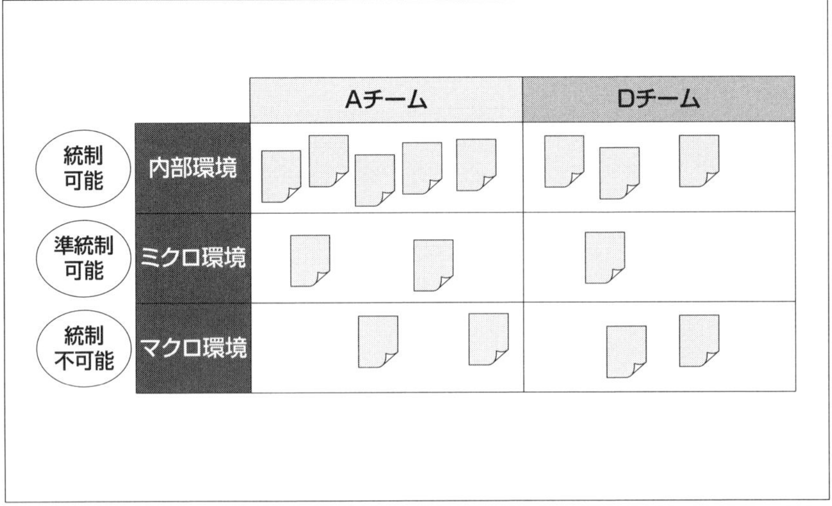

応をすれば統制できる（準統制可能）外部環境（例：競合する店舗が近隣に出店）は、「準統制可能なミクロ環境」に分けられます。人口統計学的なもの（例：商圏の人口や男女比率）や、自然環境など、企業では統制できない外部環境は「統制不可能なマクロ環境」に分けられます。

　自社のマーケティング環境である、「統制可能な内部環境」「準統制可能なミクロ環境」「統制不可能なマクロ環境」の制限を加えることにより、ＡＤ分析を行ったメンバーが、自社のマーケティング環境のうち、どの要素に関心を持っているのか、自社にはどの要素への対応が不足しているのかがわかります。

(7) 重畳的ＡＤ分析⑥（時系列別発想）

　Ａチーム要因とＤチーム要因を発想する場合に、「現在」「将来」という、時系列別に制限を加えて発想を促します。

　時系列別に制限を加えることにより、ＡＤ分析を行ったメンバーが、現在と将来のどちらに関心があるのか、自社にはどちらの対応が不足し

図 3-20　時系列別発想

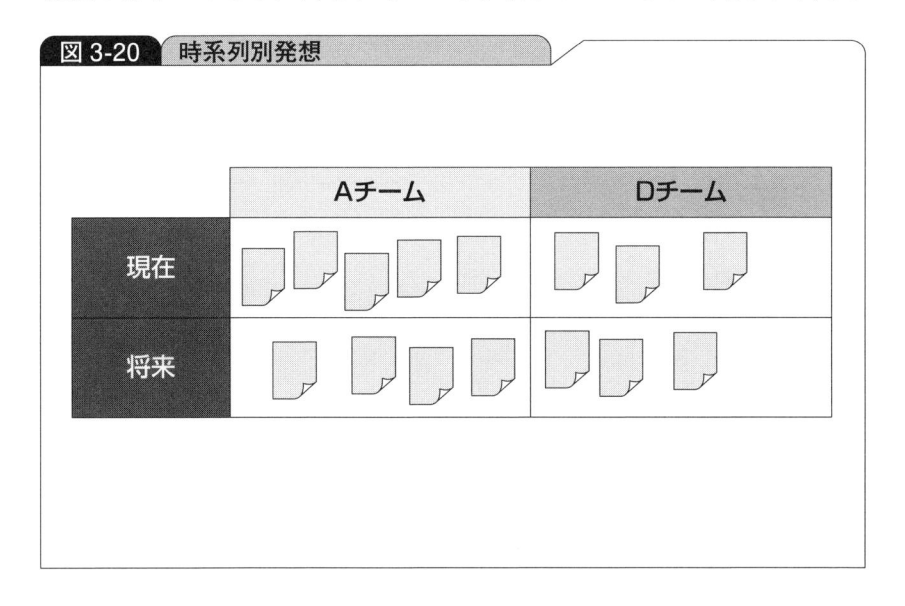

ているのかがわかります。

(8) 重畳的AD分析⑦（重要度別発想）

　Aチーム要因とDチーム要因を発想する場合に「重要度（高）」「重要度（中）」「重要度（低）」という、重要度別に制限を加えて発想を促します。

　重要度別の制限を加えることにより、AD分析を行ったメンバーが、重要度別に分けてAチーム要因とDチーム要因を発想することができるようになります。

　また、メンバー相互の重要度の評価の違いにより、部署や社歴などの違いによる重要度の評価基準の差異を認識することもできます。

図 3-21　重要度別発想

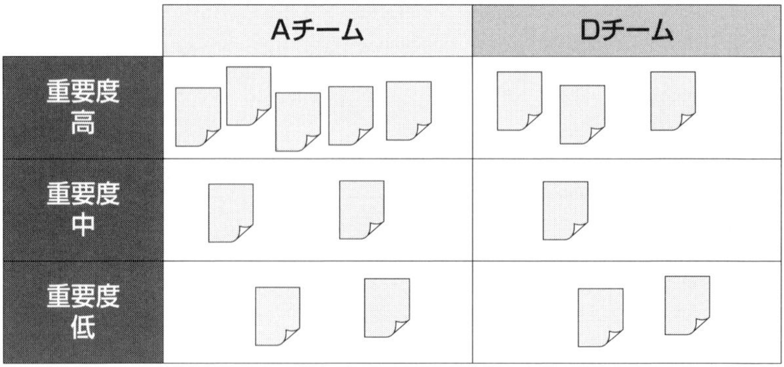

	Aチーム	Dチーム
重要度 高	📄📄📄📄📄	📄📄📄
重要度 中	📄　📄	📄
重要度 低	📄　📄	📄　📄

図 3-22　重畳的AD分析のまとめ

発想	分類	効果
ドメインの要素別発想	「標的顧客」 「顧客機能」 「経営資源」	・メンバーがどの要素に関心を持っているのかがわかる ・自社に不足している要素がわかる
経営資源別発想	「ヒト(人)」 「モノ(設備・商品)」 「カネ(資金)」 「情報・ノウハウ」	・メンバーがどの資源に関心を持っているのかがわかる ・自社に不足している経営資源がわかる
組織・部門別発想	「営業」 「研究開発」 「生産」 「本部」	・メンバーがどの部門に関心を持っているのかがわかる ・自社部門の手薄な取り組みがわかる
マーケティングの4P発想	「製品」 「価格」 「販売促進」 「場所」	・メンバーが、4Pのうちどの要素に関心を持っているのかがわかる ・自社に不足している4Pの要素がわかる
マーケティングの環境別発想	「内部環境」 「ミクロ環境」 「マクロ環境」	・メンバーが、自社を取り巻く環境のうちどの環境に関心を持っているのかがわかる ・自社に不足している環境対応がわかる
時系列別発想	「現在」 「将来」	・メンバーがどちらに関心を持っているのかがわかる ・自社に不足している要素がわかる
重要度別発想	「重要度・高」 「重要度・中」 「重要度・低」	・社歴、部署などの違いによる重要度の評価基準の差異を認識できる

section 6　AD分析
見えざる資産認識法

(1) 見えざる資産

　「見えざる資産（Invisible Asset）」とは、自社が気づいていない隠れたAチーム要因のことです。

　企業で階層別にAD分析を導入すると、5年目の社員よりも新入社員のほうが、往々にして多くのAチーム要因を出せることがあります。

　長い間勤めていると、Aチーム要因を出そうと思ってもなかなか出てこないことがあるからです。

　そのようなときは、発想を転換し、「他社から見て自社の当該事業はどこが怖いか？　あるいは、どこがすごいと思われているか？」という視点で考えてみましょう。

　このときに役に立つのが、5 Forces（ポーターの5つの競争要因）を発展させた7 positions（7つの視点）です。5 Forcesについては、PART8で詳しく説明します。

(2) 見えざる資産の認識法（7つの視点チェックリスト）

　7つの視点とは、具体的には次のようなものです。

・自社よりも大手の競合他社の立場から見たら、自社の当該事業はどこが怖いか？（大手の競合他社からの視点）
・自社と同規模あるいは小規模の競合他社から見たら、自社の当該事業はどこが怖いか？（同規模・小規模企業の競合他社からの視点）
・売り手（仕入先・原材料供給業者）から見たら、自社の当該事業はどこに魅力があるか？（売り手からの視点）

- 買い手（顧客・得意先）の立場から見たら、自社の当該事業はどこに魅力があるか？（買い手からの視点）
- 異業種・異業態から見たら、自社の当該事業はどこが優れているか？（異業種・異業態からの視点）
- 当該事業が他社の代替品となっている場合はないか？（他社の代替品の視点）
- 過去の自社から見て、優れている点はどこか？（自社の過去からの視点）

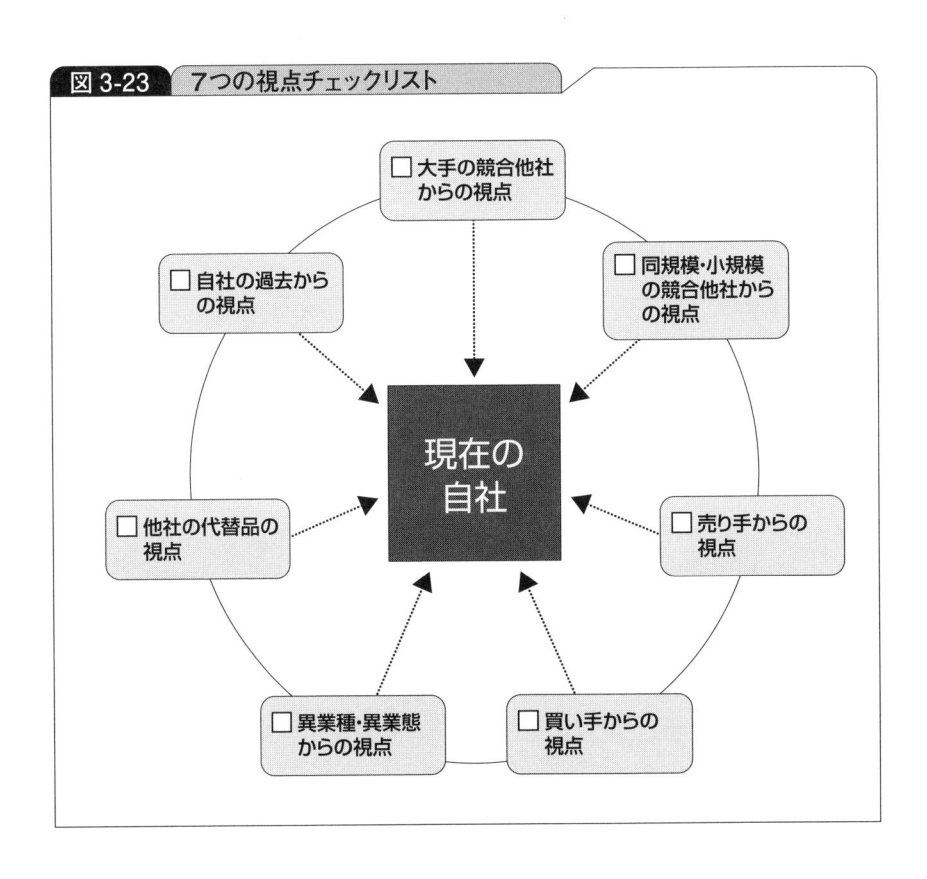

図 3-23　7つの視点チェックリスト

- □ 大手の競合他社からの視点
- □ 同規模・小規模の競合他社からの視点
- □ 自社の過去からの視点
- □ 他社の代替品の視点
- □ 売り手からの視点
- □ 異業種・異業態からの視点
- □ 買い手からの視点

中央：現在の自社

PART 3　AD分析

section 1　ドメインをつくるためのヒントを探すゲシュタルト分析
section 2　ゲシュタルト分析の手順
section 3　ゲシュタルトの早期発見法
section 4　AD分析とゲシュタルト分析演習
section 5　S社Z店の事業理念の確認
section 6　S社Z店のゲシュタルト分析

PART 4

ゲシュタルト分析

AD分析から
重要な問題点や課題を導き出す
ゲシュタルト分析について理解する

section 1　ゲシュタルト分析

ドメインをつくるためのヒントを探す ゲシュタルト分析

(1) ゲシュタルトとは

　ゲシュタルト（Gestalt）とは、本来「統合された形」という意味のドイツ語で、心理学の世界では、「部分部分あるいは要因要因を、ひとつの意味ある全体像にまとめあげたもの」という意味で用いられています。

　ＤＲＥＡではこの概念を事業戦略の策定に活用するために、「ゲシュタルト分析」という用語に転用しています。

(2) ゲシュタルト分析の概念

　チンパンジーの入れられた部屋には、「手の届かない高さに吊り下げられているバナナ」と「空き箱」、「木の棒」があります。

　ここで、Ｄチーム要因は、「手の届かない高さに吊り下げられているバナナ」で、Ａチーム要因は「空き箱」と「木の棒」になります。

　チンパンジーがバナナを手に入れるためには、空き箱に乗り、木の棒を持って、バナナをたたいて落とすというゲシュタルトを考えつかなければなりません。

　ケーラーという心理学者の実験で、チンパンジーは、「こうすれば、こうなるんじゃないか」という洞察学習でバナナを手に入れました。

　みなさんはAD分析で、Ａチーム要因とＤチーム要因を見える化したことにより、バナナを手に入れるよりもはるかに困難な経営課題について、「このＡチーム要因で、このＤチーム要因が克服できるのではないか」という、組み合わせのパターンを洞察することができます。それが、ゲ

シュタルト分析です。

　ゲシュタルト分析では、整理されたAチーム・Dチームの各要因を見ながら、Aチームの要因を使って何とかなりそうなDチームの要因の組み合わせ（＝ゲシュタルト）を見つけていきます。

　ゲシュタルト分析の目的は、ドメイン（明日の事業の姿：PART7 section3参照）をつくるためのヒントを探すことです。

図 4-01　チンパンジーとゲシュタルト

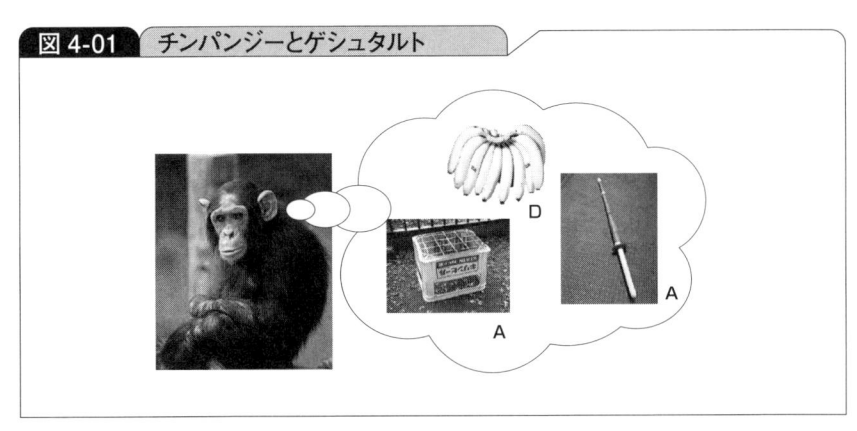

図 4-02　ゲシュタルト分析の概念

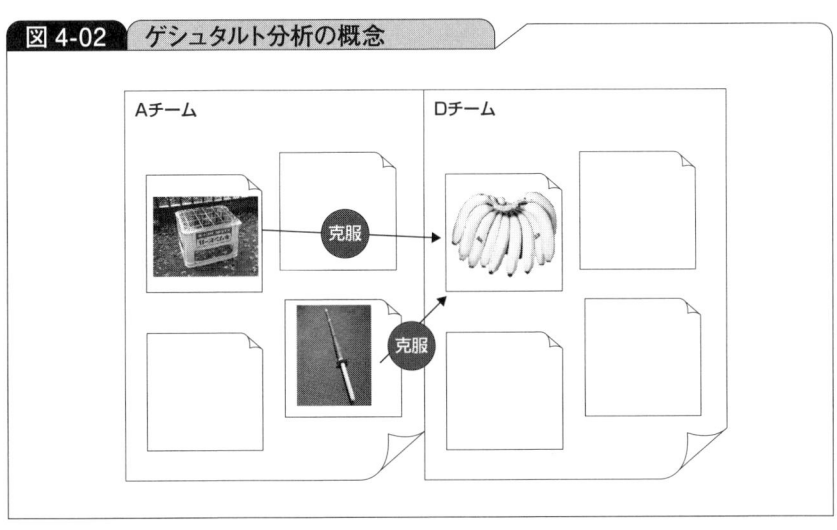

section 2　ゲシュタルト分析

ゲシュタルト分析の手順

(1) 適切な組み合わせの発見（＝ゲシュタルトの発見）

　ゲシュタルト分析の手順では、適切なAチーム要因・Dチーム要因の組み合わせ（＝ゲシュタルト）を発見することから始めます。
　次の例でその手順を見てみましょう。
　あるグループでゲシュタルト分析を実践したら、最初に、図4-03のように、Aチーム要因のA1とA4、A8を用いて、Dチーム要因のD1とD2を克服する組み合わせを見つけました。

Aチーム要因の実線（A1＋A4＋A8）
↓
Dチーム要因の実線（D1＋D2）

　次に、図4-04（66ページ）のように、Aチーム要因のA1とA2、A3を用いて、Dチーム要因のD5とD6を克服する組み合わせを見つけました。

Aチーム要因の破線（A1＋A2＋A3）
↓
Dチーム要因の破線（D5＋D6）

最後に、図4-05のように、Aチーム要因のA6とA7を用いて、Dチーム要因のD4を克服する組み合わせを見つけました。

Aチーム要因の長2点鎖線（A6＋A7）
↓
Dチーム要因の長2点鎖線（D4）

　ここまでで、3つのゲシュタルトが完成しましたが、D3、D7、D8、D9のように、現状ではどうにもならない、統制不可能なゲシュタルトがあることもわかりました（図4-06）。

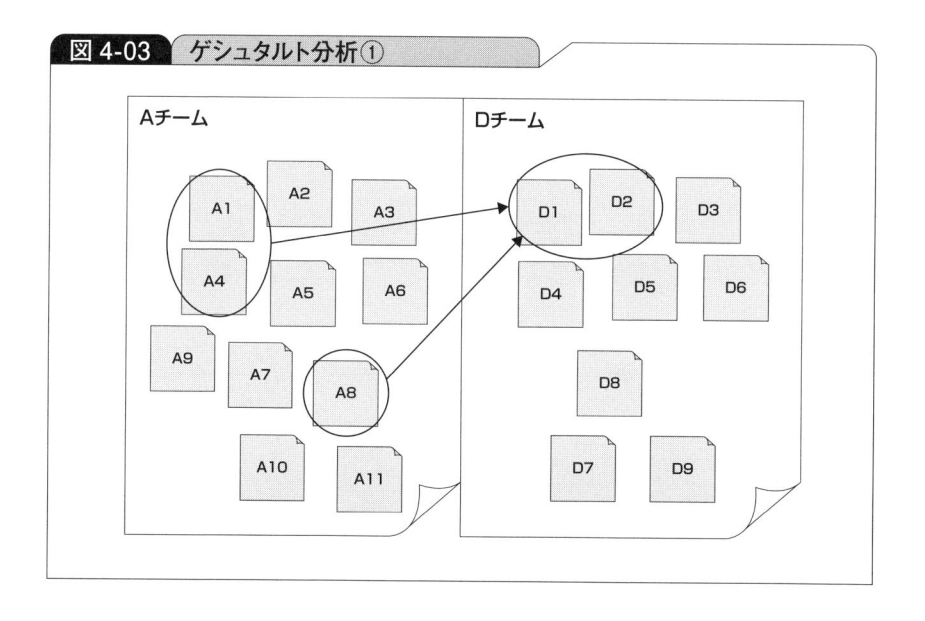

図 4-03　ゲシュタルト分析①

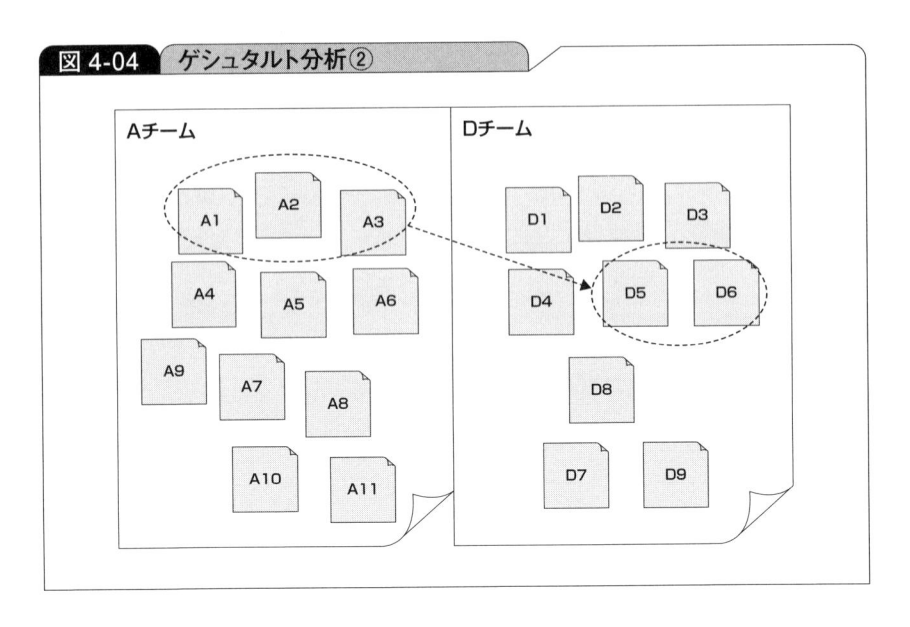

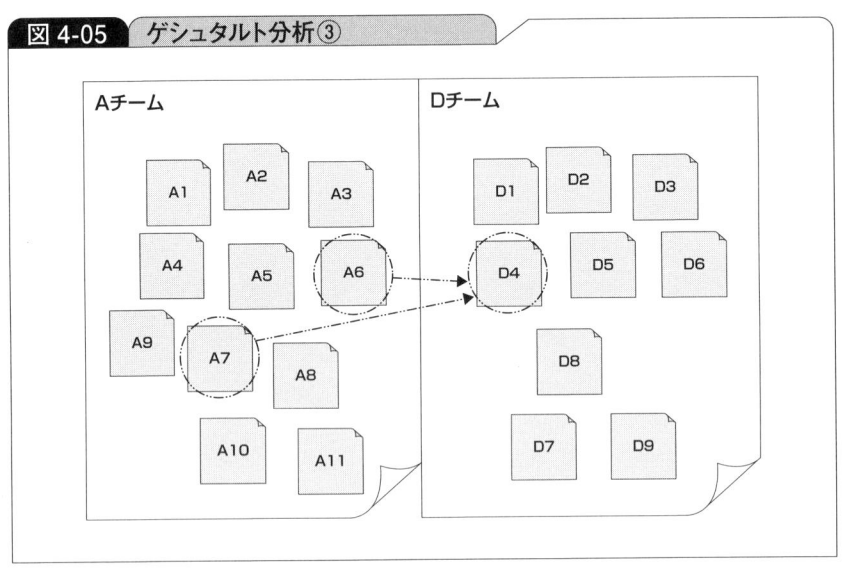

図 4-04 ゲシュタルト分析②

図 4-05 ゲシュタルト分析③

図 4-06　ゲシュタルト分析 ① + ② + ③

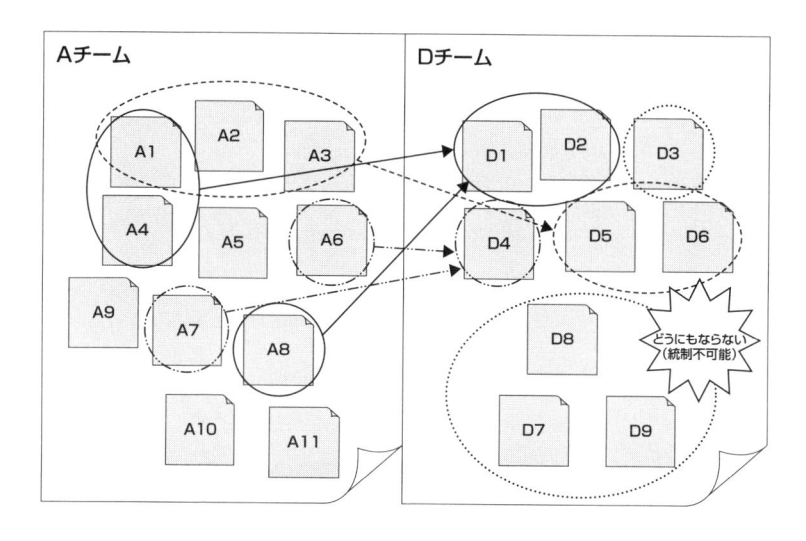

(2) 組み合わせ（＝ゲシュタルトを「問題点」としてまとめる）

　ゲシュタルトの発見が終了したら、「問題点」を集約します。

　ゲシュタルト分析では問題点を、「企業の単独または複数のAチーム要因を用いてDチーム要因を克服（一部改善や回避、何らかの管理・統制を含む）できる場合、それを抽象的に表現したもの」と定義します。

　Dチーム要因がたくさんあっても、それがひとつの根本的な問題として集約できる場合があります。企業では、ひとつの問題から複数のDチーム要因が発生することがあります。ひとつの問題から派生して何か所もの不具合をもたらすのです。

　図4-03のゲシュタルト分析①や、図4-04のゲシュタルト分析②でも、D要因がひとつの円の中に複数入っています。これらの問題の発生の根源がひとつに集約できるか考えてみることが、問題点の集約となります。

　「問題点」は通常、否定文・現在形で表現したものになります。

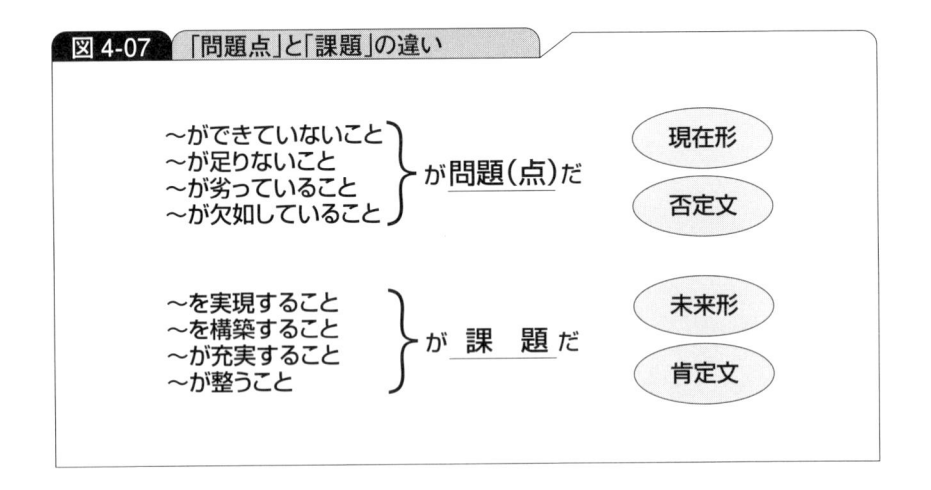

図4-07　「問題点」と「課題」の違い

- 〜ができていないこと
- 〜が足りないこと
- 〜が劣っていること
- 〜が欠如していること

} が **問題（点）** だ　→　現在形／否定文

- 〜を実現すること
- 〜を構築すること
- 〜が充実すること
- 〜が整うこと

} が **課　題** だ　→　未来形／肯定文

(3)「問題点」を「課題」に転換する

問題点の集約が終了したら、課題に転換します。

ゲシュタルト分析では「課題」を、「問題点から導き出される、事業の将来の姿を明らかにする（再定義する）ためのヒント」と定義します。

これは通常、肯定文・未来形で表現したものになります。

「問題点」を、肯定的に、かつ未来形に転換することで、「課題」として表現することができます。

集約した問題点が、Aチーム要因を使うことで、どのような方法で解決できるかを考え、その解決方法が「課題」となります。

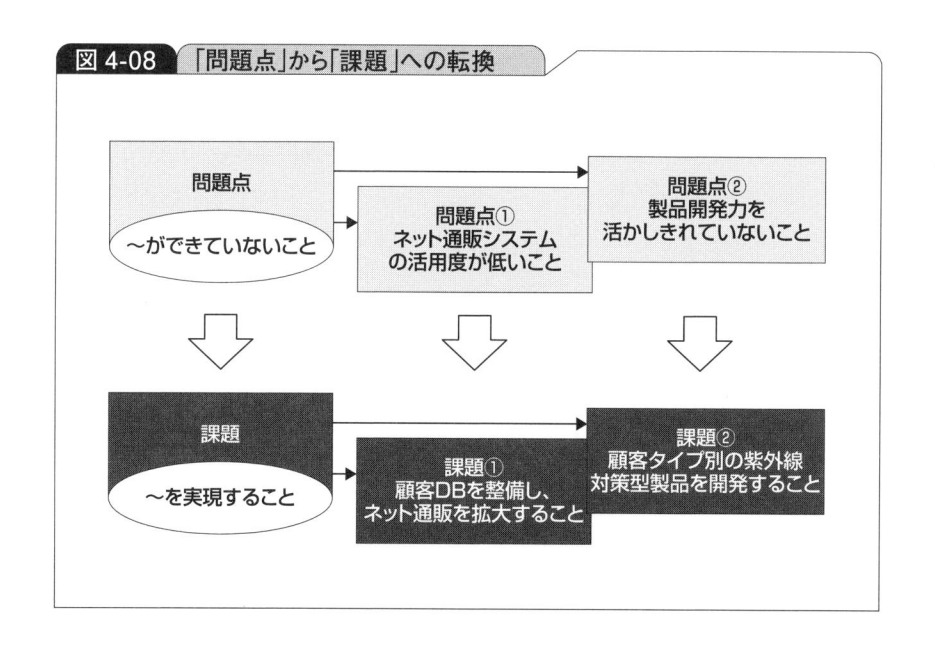

図 4-08　「問題点」から「課題」への転換

問題点
～ができていないこと

問題点①
ネット通販システムの活用度が低いこと

問題点②
製品開発力を活かしきれていないこと

課題
～を実現すること

課題①
顧客DBを整備し、ネット通販を拡大すること

課題②
顧客タイプ別の紫外線対策型製品を開発すること

PART 4　ゲシュタルト分析

section 3　ゲシュタルト分析

ゲシュタルトの早期発見法

(1) ゲシュタルトを早期に発見するためには

　AD分析からゲシュタルト分析への取り組みで、チームのメンバーが、いくつものゲシュタルトを時間をかけずに見つけられると良いのですが、なかなかうまくいかない場合もあります。

　そのようなときには、Aチーム要因にランクづけを行う方法が有効です。優先順位の高いAチーム要因に目をつけることで、そこから芋づる式に関連するAチーム要因、Dチーム要因を発見することができます。

　また、Dチーム要因をランクづけする方法もあります。この場合は、解決を急ぐ緊急性の高いDチーム要因に目をつけることで、そこから芋づる式に関連するAチーム要因、Dチーム要因を発見することができます。

(2) Aチーム要因のランクづけに最適なVRIO分析

　VRIO分析は、アメリカの経営学者J．バーニーが提唱した比較的新しいフレームワークです。企業の強みに優先順位をつけていくという分析方法で、DREAでは、Aチーム要因の優先順位を考える際に有効な手法となります。

　まず、Aチーム要因に「経済的価値があるか？」という問いかけをします。NOならば、利益やコスト削減につながるという経済的価値がないことになり、そもそもAチーム要因とはいえません。

　次に「希少性があるか？」という問いかけをします。NOならば、ただの（ありふれた）強みとなり、Aチーム要因の優先順位では下位にな

るでしょう。

　さらに「模倣は困難か？」という問いかけをします。ＮＯならば、一時的な競争優位であり、競合企業に模倣されると消えてしまう強みといえます。一方、ＹＥＳならば、自社と同じような経営資源を保有していない企業は、このＡチーム要因の経営資源を獲得あるいは開発するのに多大なコストを要するため、持続的な競争優位となり、優先順位は上位になるでしょう。

　最後に「組織として活用しているか？」という問いかけをします。

　ＮＯならば、持続的競争優位たる強み（Ａチーム要因）が宝の持ち腐れになっている状態です。ＹＥＳならば、持続的競争優位たる強みを有効に活用している状態で、競合企業に対して強い競争力を持っていることになります。

　ＶＲＩＯ分析の活用法は、PART7のsection8で詳しく説明します。

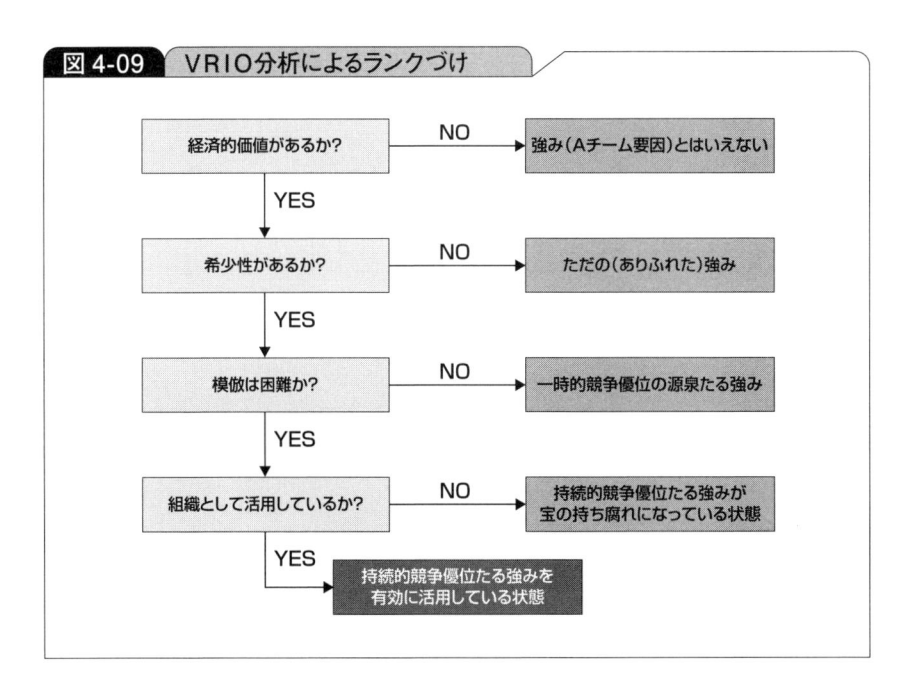

図4-09　VRIO分析によるランクづけ

- 経済的価値があるか？ → NO → 強み(Aチーム要因)とはいえない
- YES ↓
- 希少性があるか？ → NO → ただの(ありふれた)強み
- YES ↓
- 模倣は困難か？ → NO → 一時的競争優位の源泉たる強み
- YES ↓
- 組織として活用しているか？ → NO → 持続的競争優位たる強みが宝の持ち腐れになっている状態
- YES ↓
- 持続的競争優位たる強みを有効に活用している状態

section 4 　ゲシュタルト分析

AD分析とゲシュタルト分析演習

　それでは、今まで紹介した、AD分析とゲシュタルト分析の手法を用いて、婦人服小売業の経営改善の事例に取り組んでみましょう。

　ケーススタディは、現実の企業をコンサルティングするよりも、情報が限定されているため、演習に適しています。ケーススタディを使った演習で、DREAのゲシュタルト分析までの流れを理解し、現実の企業をコンサルティングするときに活用しましょう。

　ケースでは意味のあるさまざまな情報があります。section5から一緒に見ていきますが、ケースを読む際には、Aチーム要因、Dチーム要因になるところを押さえながら、読み進めましょう。

　想定として、グループ演習で取り組んでいることにします。

　S社は、現経営者（60歳）が、昭和50年に脱サラして設立した婦人服・婦人用品の小売業である。

　本店（Z店）は都心から1時間ほどのT市駅前の商店街にあり、他に2店、隣町のデパートとSCに出店している。

　従業員は総勢16名で、数年前からデザインの専門学校を卒業した長女（32歳）と、大手アパレルメーカーでバイヤー※の経験のある長男（28歳）がS社で働いている。

　「幅広い層を対象に値ごろ感のある品揃え」をモットーに、順調に業績を伸ばしてきたが、長引く不景気や消費者の低価格志向、婦人服業界の低迷といった経営環境の中、最近は低迷が続き、特に本店（Z店）の不振が目立つ。

社長はこのような現状を深刻に捉え、新たな経営戦略策定の必要性を強く感じているが、方向性をつかめず苦慮している。
　現在の、Ｓ社ならびに本店であるＺ店に関する情報は以下のとおりである。

※バイヤー（buyer）：メーカーや流通業において、新商品の買いつけ等を行う仕入担当者のこと。

【Ｚ店の経営上のポイント】
（商品構成の特徴）

分類	売上構成比	売場構成比
スーツ・フォーマル	30％	31％
ボトム・ブラウスの定番品	40％	30％
カジュアル系流行品	20％	33％
小物・アクセサリー等	10％	6％
合計	100％	100％

（仕入方法）
　買い取り仕入が中心であり、主に大手アパレルメーカーと取引している。仕入はメーカーの営業担当者任せで、積極的に自店の品揃えを主張しているわけではない。
　長男が商品開拓に強く、徐々にではあるが、海外メーカーとも取引を増加させている。
　また、仕入は３店で、それぞれ独自に行っている。

（客層）
　20歳台から50歳台までのＯＬ・主婦が中心で、幅広い層を対象としている。
　購買目的はショッピング、学校の行事、会合などの外出着やプレゼン

トなどである。
　また、どちらかというと、最新流行のファッションよりも、飽きのこない定番商品に重点を置いている顧客が多い。

(接客対応)
　長女の接客がうまく、固定客も増えている。その理由は、「トータル・コーディネート・センス」の良さであることがわかった。
　他の店員は、顧客との会話を心掛け、コンサルティング・セールスをしているが、顧客の要望に十分応えているとはいえない。

(従業員)
　T市内の近隣の主婦が中心で、パートやアルバイトとして働いている。平均年齢は35歳である。

(顧客管理)
　顧客管理は、一応、顧客カードを作成しているが、ほとんどメンテナンスしておらず、やっていないに等しい。

(財務状況)
　売上高の減少のため、収益性、安全性とも低下しており、大規模な店舗リニューアルは難しい状態である。

(店舗)
　売場面積は約100m^{2}であるが、全体的に雑然としており、コンサルティングに必要な応接セットも用意されていない。
　営業時間は午前10時から午後6時までである。

【Z店の商圏上のポイント】
　T市の海沿い側には、新興の高層住宅団地が林立しており、都心のベッドタウンとして人口の流入が著しい。ここには、いわゆる「ディンクス※」家族も多数おり、働いている女性も多い。
　一方、山の手側には、昔ながらの一戸建て中心の閑静な住宅地が広がっており、比較的裕福な家庭が多い。

（競合状況）
・B店：ＤＣブランド、若者を中心としたカジュアル系婦人服専門店
・C店：主に有名ブランドなどを値引き販売しているディスカウント店
・D店：スーツ・フォーマルを中心に品揃えしている高級婦人服店

※ディンクス（DINKS；double income, no kids）：夫婦共働きで子どもがいない家庭のこと。

section 5　ゲシュタルト分析

S社Z店の事業理念の確認

(1) グループでの事業理念の確認

　まずグループで、S社Z店の事業理念の確認をしましょう。

　確認したら下記の空欄にまとめてみましょう。まとめ方は自由（文章、チャート、キャッチコピー等）です。

　事業理念とは、経営者が抱いている強い想い・ビジョン・哲学・信条のようなものです。AD分析に進む前に必ず「確認」しましょう。

【事業理念を書いてみよう】

事業理念の例

　地域密着
　幅広い層にお手ごろ価格で商品を提供したい
　家族経営、アットホームな雰囲気
　地元の主婦とのネットワークを強化
　働く女性への貢献

(2) 事業理念の確認のポイント

事業理念を確認する際には、正しい、間違っているということではなく、最初に「確認」することが大切です。

そのためには現実の企業のコンサルティングでは、経営者・事業責任者へのヒアリングが欠かせないことを覚えておきましょう（PART2 section3参照）。

(3) S社Z店のAD分析

それでは、グループでAD分析をしましょう。まずは、相互にAチーム要因とDチーム要因を発見してください。

グループ内でAチーム要因を発見するメンバーと、Dチーム要因を発見するメンバーに分かれて、どれだけ多くAチーム要因とDチーム要因

図 4-10　(演習)S社Z店のAD分析(例)

Aチーム (advantage要因)	Dチーム (disadvantage要因)
1. 顧客カードが存在する	1. 店員はコンサルティング・セールスを心掛けているが不十分
2. デザイン専門学校卒の長女がいる	2. 顧客カードがメンテナンスされていない
3. 定番品、小物・アクセサリーが健闘している	3. 雑然とした店内である
4. 3店舗構成である	4. 応接セットがない
5. 海外メーカーとの取引が増大している	5. 仕入はメーカーの営業担当者任せである
6. バイヤー経験のある長男がいる	6. 100m²の売場面積（ある程度の広さ）がある
7. 駅前に立地している	7. 3店で独自仕入を行っている（分散仕入）
8. ディンクス・働く女性が多い	8. 営業時間が10:00〜18:00と短い

PART 4　ゲシュタルト分析

が発見できるかを競いましょう。

(4) 前向き発想と情報収集による補正

グループで、Aチーム要因とDチーム要因を洗い出したら、前向き発想で、Dチーム要因からAチーム要因へ移動できる情報がないかどうかを検討しましょう。

「100㎡の売場面積（ある程度の広さ）がある」というDチーム要因は、その面積で効果的な営業を行うという視点で、Aチーム要因に移動になりました。

図 4-11　(演習)前向き発想と情報収集による補正

Aチーム (advantage要因)	Dチーム (disadvantage要因)
1. 顧客カードが存在する	1. 店員はコンサルティング・セールスを心掛けているが不十分
2. デザイン専門学校卒の長女がいる	2. 顧客カードがメンテナンスされていない
3. 定番品、小物・アクセサリーが健闘している	3. 雑然とした店内である
4. 3店舗構成である	4. 応接セットがない
5. 海外メーカーとの取引が増大している	5. 仕入はメーカーの営業担当者任せである
6. バイヤー経験のある長男がいる	6. 3店で独自仕入を行っている（分散仕入）
7. 100m²の売場面積（ある程度の広さ）がある ← 前向き発想	7. 営業時間が10:00～18:00と短い
8. 駅前に立地している	
9. ディンクス・働く女性が多い	
10. 家族従業員が多い ← 情報収集	

また情報収集により、「家族従業員が多い」ということがわかったため、Aチーム要因に追加しました。

(5) 付箋紙によるAD分析のイメージ

付箋紙によるAD分析のイメージは、下の図4-12のようになります。

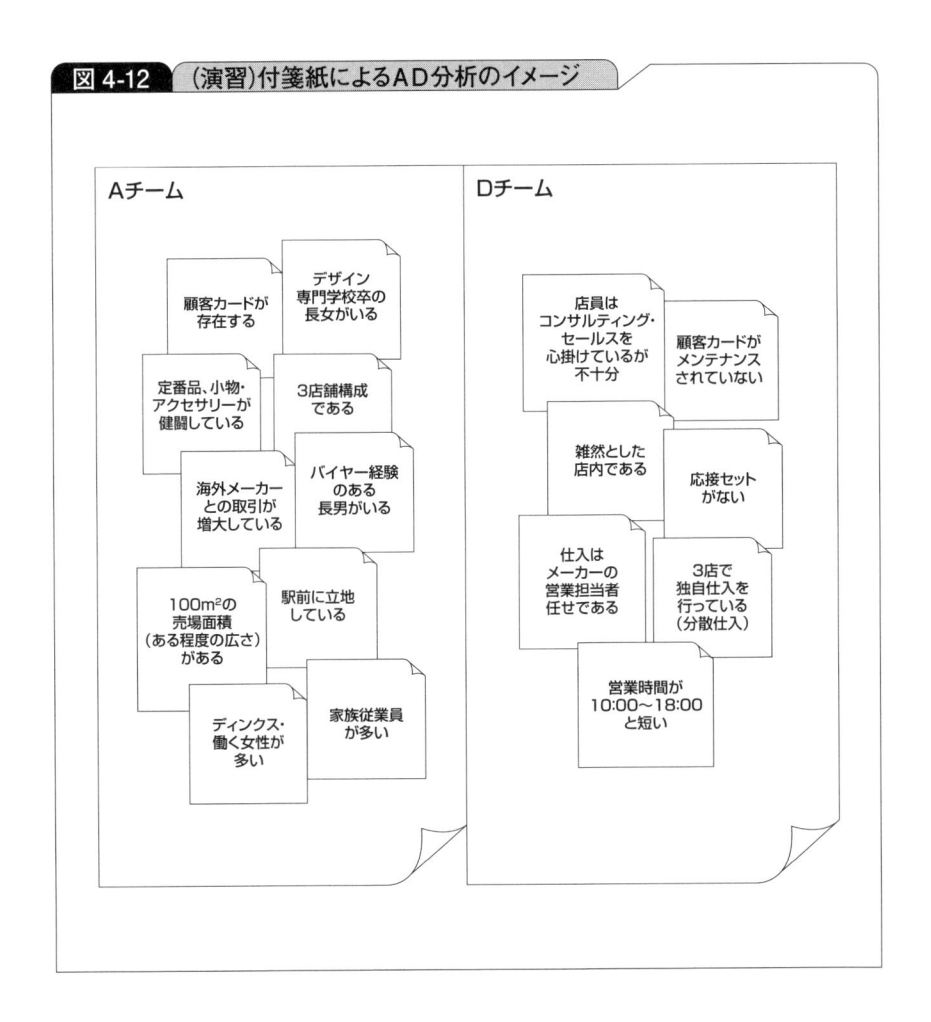

図 4-12　(演習)付箋紙によるAD分析のイメージ

Aチーム
- 顧客カードが存在する
- デザイン専門学校卒の長女がいる
- 定番品、小物・アクセサリーが健闘している
- 3店舗構成である
- 海外メーカーとの取引が増大している
- バイヤー経験のある長男がいる
- 100m²の売場面積（ある程度の広さ）がある
- 駅前に立地している
- ディンクス・働く女性が多い
- 家族従業員が多い

Dチーム
- 店員はコンサルティング・セールスを心掛けているが不十分
- 顧客カードがメンテナンスされていない
- 雑然とした店内である
- 応接セットがない
- 仕入はメーカーの営業担当者任せである
- 3店で独自仕入を行っている（分散仕入）
- 営業時間が10:00～18:00と短い

PART 4　ゲシュタルト分析

(6) 重畳的AD分析

下の図4-13は、分析途中の重畳的AD分析の表です。グループで話し合い、重畳的AD分析の表に自由に加筆（推測・想像を踏まえたもので構わない）して、空欄を埋めてみましょう。

図4-13　（演習）重畳的AD分析

		Aチーム	Dチーム
標的顧客		・ディンクス・働く女性が多い	
提供物（製品・サービス）		・定番品、小物・アクセサリーが健闘している ・海外メーカーとの取引が増大している	・仕入はメーカーの営業担当者任せである ・3店で独自仕入を行っている（分散仕入）
経営資源	人材・ノウハウ	・デザイン専門学校卒の長女がいる ・バイヤー経験のある長男がいる ・家族従業員が多い	・店員はコンサルティング・セールスを心掛けているが不十分
	組織		
	売り方	・顧客カードが存在する	・顧客カードがメンテナンスされていない
	設備	・3店舗構成である ・100m²の売場面積（ある程度の広さ）がある ・駅前に立地している	・応接セットがない ・雑然とした店内である ・営業時間が10:00～18:00と短い
	資金		
その他			

図 4-14　（演習）重畳的AD分析（加筆例）

		Aチーム	Dチーム
標的顧客		・顧客は20〜50歳台の女性 （定番品を求める傾向） ・ディンクス・働く女性が多い ・パート・アルバイトも標的顧客の 一部になっていると推測できる （彼女たち自身、彼女たちの知人・ 友人も標的顧客になり得る）	・ディンクス・働く女性は都心で ショッピングをする可能性が高い
提供物 （製品・サービス）		・定番品、小物・アクセサリーが健闘 している ・海外メーカーとの取引が 増大している	・仕入はメーカーの 営業担当者任せである ・3店で独自仕入を行っている （分散仕入）
経営資源	人材・ ノウハウ	・デザイン専門学校卒の長女がいる ・バイヤー経験のある長男がいる ・家族従業員が多い ・地元の主婦が パート・アルバイトとして働いている	・店員はコンサルティング・セールスを 心掛けているが不十分
	組織	・2人の後継者候補が存在する	・売場・仕入の責任者が いるのかどうか不明
	売り方	・顧客カードが存在する	・顧客カードがメンテナンス されていない
	設備	・3店舗構成である ・100m²の売場面積 （ある程度の広さ）がある ・駅前に立地している	・応接セットがない ・雑然とした店内である ・営業時間が10:00〜18:00と短い
	資金	・これまで無理な投資などは していない模様	・売上減少による資金難があると推測 できる
その他			

(7) 重畳的AD分析の結果

　今回は、今まで紹介したフォームと異なるフォームでした。図4-14の下線を引いている箇所が新規に追加された部分です。

　Aチーム要因に追加された、「パート・アルバイトも標的顧客の一部になっていると推測できる（彼女たち自身、彼女たちの知人・友人も標的顧客になり得る）」という点は、演習の文章中から読み取れます。

　スーパーマーケットで働くパート・アルバイトの人が、帰りに惣菜を購入するように、小売業では働く人も顧客となっているケースが非常に多くあります。

　Dチーム要因に追加された、「ディンクス・働く女性は都心でショッピングをする可能性が高い」も、演習の文章中から推測できます。

　大規模な商業集積地域や百貨店、高級専門店が並ぶ都心は、顧客の吸引力が高く、特に所得の高い顧客層は、多数の商品を比較検討しながら買物ができる都心で買物をする可能性が高くなります。

　Aチーム要因に追加された、「2人の後継者候補が存在する」も、演習の文章中から推測できるでしょう。

　しかし、後継者候補はいるものの、売場や仕入の責任者については、演習の文章中からは読み取れなかったため、「売場・仕入の責任者がいるのかどうか不明」という文章がDチーム要因に加えられています。

　さらに、当初空欄だった資金面を見ると、Aチーム要因に「これまで無理な投資などはしていない模様」と、Dチーム要因に「売上減少による資金難があると推測できる」が加えられています。

　演習の文章中に、過度な店舗投資などの記述がないため、不良資産を多くは抱えていないと推測できます。また、売上が減少傾向であるため、資金繰りが困難になっているのではないかと推測できます。

図 4-15　AD分析演習用紙

Aチーム要因 （advantage要因）	Dチーム要因 （disadvantage要因）

図 4-16　重畳的AD分析演習用紙

		Aチーム要因 （advantage要因）	Dチーム要因 （disadvantage要因）
標的顧客			
提供物 (製品・サービス)			
経営資源	人材・ノウハウ		
	組織		
	売り方		
	設備		
	資金		
その他			

section 6 ゲシュタルト分析

S社Z店のゲシュタルト分析

　AD分析が終了したら、ゲシュタルト分析に移ります。まず、ゲシュタルト分析シート（図4-17）を用いて、ゲシュタルト分析を行いましょう。

　ゲシュタルト分析が終了したら、次の（1）〜（3）の3つのゲシュタルト分析の例を読み、演習の文章との関係、AD分析との連続性を確認してみましょう。

　さらに、問題点と課題についても記入してみましょう。

　ゲシュタルト分析では、「正しい」「間違っている」を問題とするのではなく、Aチーム要因とDチーム要因との関連性や、各ゲシュタルトのストーリーの意味合いを理解しましょう。

(1) Z店のゲシュタルト分析①

　Z店のゲシュタルト分析①では、活用すべきAチーム要因である「顧客カードが存在する」「デザイン専門学校卒の長女がいる」「定番、小物・アクセサリーが健闘している」「顧客は20〜50歳台の女性（定番品を求める傾向）」で、克服すべきDチーム要因である「店員はコンサルティング・セールスを心掛けているが不十分」「雑然とした店内である」「応接セットがない」「顧客カードがメンテナンスされていない」をつぶしています。

　上記のAチーム要因とDチーム要因の組み合わせから考えられる問題点は、「コンサルティング・セールスの有効性に気づいていながら、そのための十分なインフラが整備されていないこと」となります。

　問題点を受けて、課題は、「コンサルティング・セールスを軸とした

図 4-17　ゲシュタルト分析シート

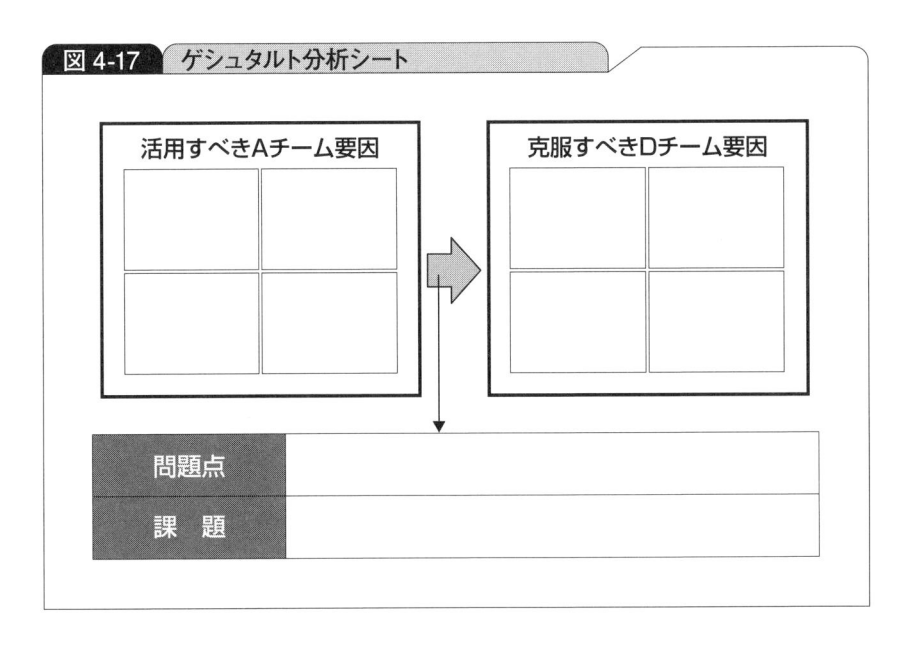

活用すべきAチーム要因	→	克服すべきDチーム要因
（空欄 4マス）		（空欄 4マス）

問題点	
課　題	

図 4-18　Z店のゲシュタルト分析①

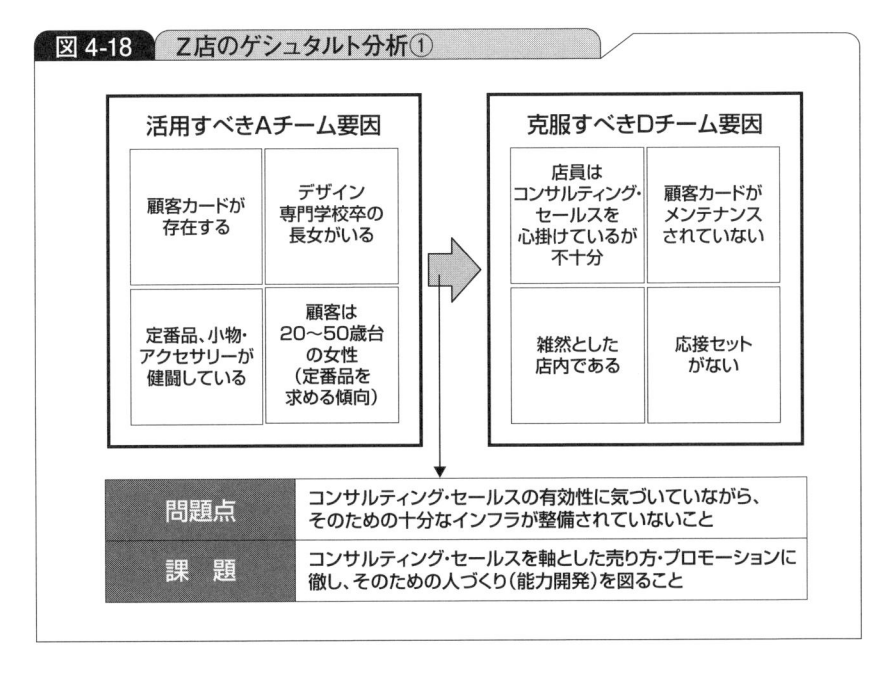

活用すべきAチーム要因		→	克服すべきDチーム要因	
顧客カードが存在する	デザイン専門学校卒の長女がいる		店員はコンサルティング・セールスを心掛けているが不十分	顧客カードがメンテナンスされていない
定番品、小物・アクセサリーが健闘している	顧客は20〜50歳台の女性（定番品を求める傾向）		雑然とした店内である	応接セットがない

問題点	コンサルティング・セールスの有効性に気づいていながら、そのための十分なインフラが整備されていないこと
課　題	コンサルティング・セールスを軸とした売り方・プロモーションに徹し、そのための人づくり（能力開発）を図ること

PART 4　ゲシュタルト分析

売り方・プロモーションに徹し、そのための人づくり（能力開発）を図ること」となりました。

（2） Z店のゲシュタルト分析②

Z店のゲシュタルト分析②では、活用すべきAチーム要因である「顧客カードが存在する」「3店舗構成である」「海外メーカーとの取引の可能性がある」「バイヤー経験のある長男がいる」で、克服すべきDチーム要因である「仕入はメーカーの営業担当者任せである」「3店で独自仕入を行っている（分散仕入）」をつぶしています。

上記のAチーム要因とDチーム要因の組み合わせから考えられる問題点は、「海外取引を拡大できるようなバイヤー経験のある長男がいながら、3店舗がメーカー任せの分散仕入を行っていること」となります。

問題点を受けて、課題は、「長男が中心となって、全社的なマーチャ

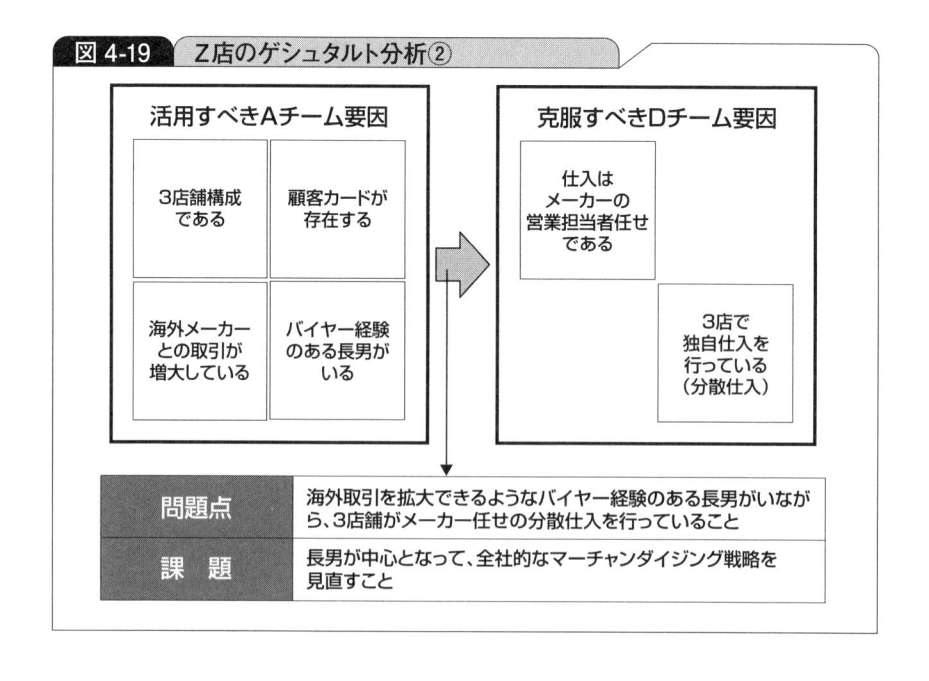

図 4-19　Z店のゲシュタルト分析②

活用すべきAチーム要因		克服すべきDチーム要因
3店舗構成である	顧客カードが存在する	仕入はメーカーの営業担当者任せである
海外メーカーとの取引が増大している	バイヤー経験のある長男がいる	3店で独自仕入を行っている（分散仕入）

問題点	海外取引を拡大できるようなバイヤー経験のある長男がいながら、3店舗がメーカー任せの分散仕入を行っていること
課題	長男が中心となって、全社的なマーチャンダイジング戦略を見直すこと

ンダイジング戦略を見直すこと」となりました。

(3) Z店のゲシュタルト分析③

Z店のゲシュタルト分析③では、活用すべきAチーム要因である「100㎡の売場面積（ある程度の広さ）がある」「駅前に立地している」「ディンクス・働く女性が多い」「家族従業員が多い」で、克服すべきDチーム要因である「営業時間が10：00〜18：00と短い」をつぶしています。

上記のAチーム要因とDチーム要因の組み合わせから考えられる問題点は、「働く女性・OLをターゲットにしながら、営業時間が短いこと」となります。

問題点を受けて、課題は、「働く女性・OLが利用する時間帯まで営業時間を拡大し、昼間の時間帯とは違った売り方を実施してみること」となりました。

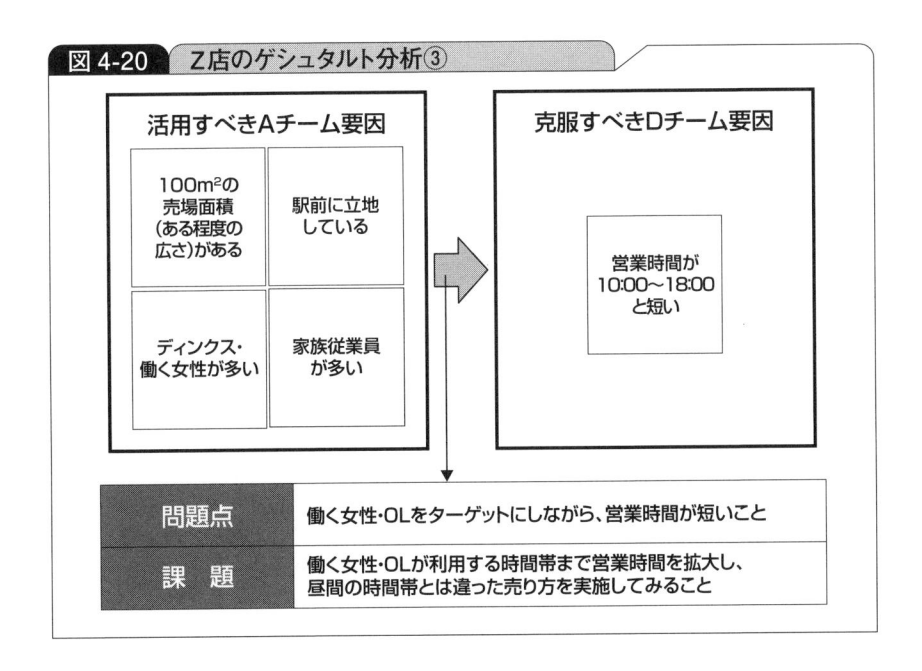

図 4-20　Z店のゲシュタルト分析③

活用すべきAチーム要因	克服すべきDチーム要因
100m²の売場面積（ある程度の広さ）がある／駅前に立地している／ディンクス・働く女性が多い／家族従業員が多い	営業時間が10:00〜18:00と短い

問題点	働く女性・OLをターゲットにしながら、営業時間が短いこと
課題	働く女性・OLが利用する時間帯まで営業時間を拡大し、昼間の時間帯とは違った売り方を実施してみること

section 1　ドメインチャートの体系
section 2　経営資源の設定
section 3　ドメインの基本公式
section 4　ドメインチャートの作成
section 5　ゲシュタルト分析からドメインチャートへ

PART 5

ドメインチャート

AD分析、ゲシュタルト分析から
企業の明日の姿を導き出すための
ドメインチャートについて理解する

section 1　ドメインチャート

ドメインチャートの体系

(1) AD分析からゲシュタルト分析、そしてドメインチャートの作成へ

　ドメインとは、企業の経営理念や経営目標を達成するために必要な、自社が生存していくべき事業領域のことで、経営戦略の中核をさす概念です。経営学者D・F・エイベルが提唱しました。ドメインは自社の事業領域を「標的顧客」「顧客機能」「独自技術」の3つの要素で表します。

　ドメインチャートは、ドメインの3つの要素を拡張した拡張版のドメインをチャート化したものです。拡張版のドメインは、図5-02にあるように、「顧客機能」と「独自技術」に変化が見られます。まず顧客機能は、「モノからコトへという発想の転換」をします。例えば化粧品を販売する会社が、顧客機能として「化粧品の販売」だけではなく、「美と健康の提供」という発想の転換をします。

　また「独自技術」は、「経営資源」と拡張されています。ドメインを策定する上で、自社の経営資源を人的資源、組織資源、マーケティング資源などさまざまな切り口から確認します。

　「顧客機能」と「独自技術」が拡張版になったメリットは、ドメインチャートの説明と一緒に後述します。今後、具体的に強化・育成・投資に取り組むべき経営資源を体系図に展開して「見える化」することに特徴があります。

　AD分析で企業の環境分析を行い、ゲシュタルト分析の結果、発見された事業の課題を克服すると、現在のドメインがどのように再定義化されるのか、つまり事業領域がどのように変化するのかを考えます。

　ドメインチャートでは、現状の課題を克服することによって到達する

図 5-01　エイベルの提唱したドメインの3要素

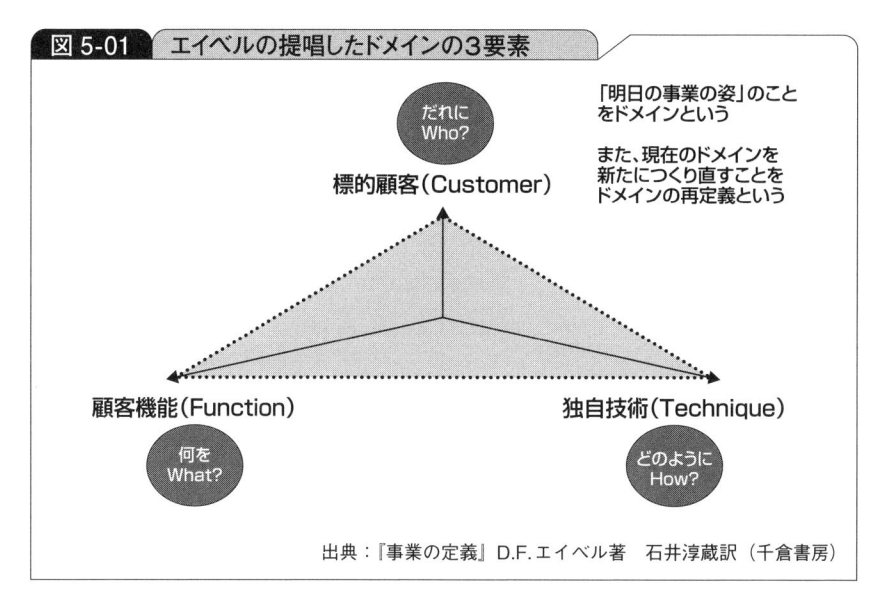

- だれに Who? — 標的顧客(Customer)
- 何を What? — 顧客機能(Function)
- どのように How? — 独自技術(Technique)

「明日の事業の姿」のことをドメインという

また、現在のドメインを新たにつくり直すことをドメインの再定義という

出典：『事業の定義』D.F.エイベル著　石井淳蔵訳（千倉書房）

図 5-02　拡張版のドメイン

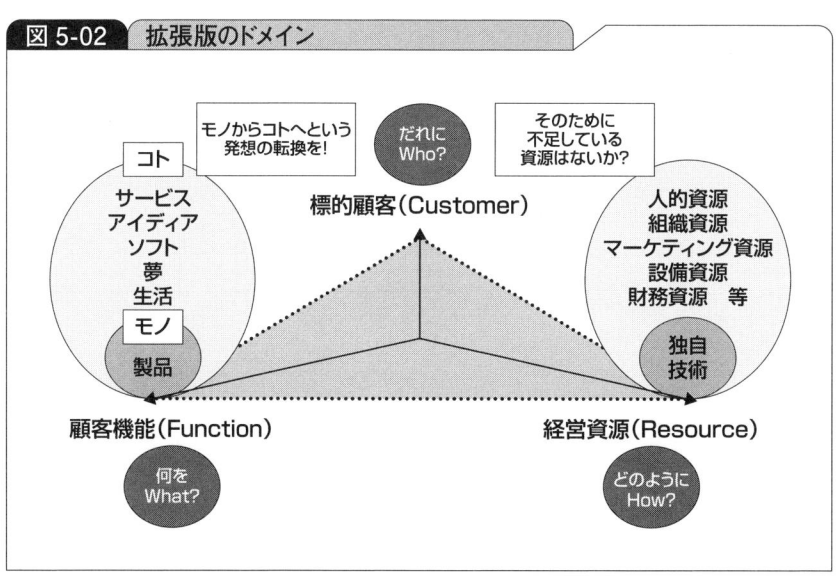

- モノからコトへという発想の転換を！
- コト：サービス／アイディア／ソフト／夢／生活
- モノ：製品
- だれに Who? — 標的顧客(Customer)
- そのために不足している資源はないか？
- 人的資源／組織資源／マーケティング資源／設備資源／財務資源　等
- 独自技術
- 何を What? — 顧客機能(Function)
- どのように How? — 経営資源(Resource)

「明日の事業の姿」を、実際に文章や図表で具体的に表現（チャート化）します（図5-03参照）。

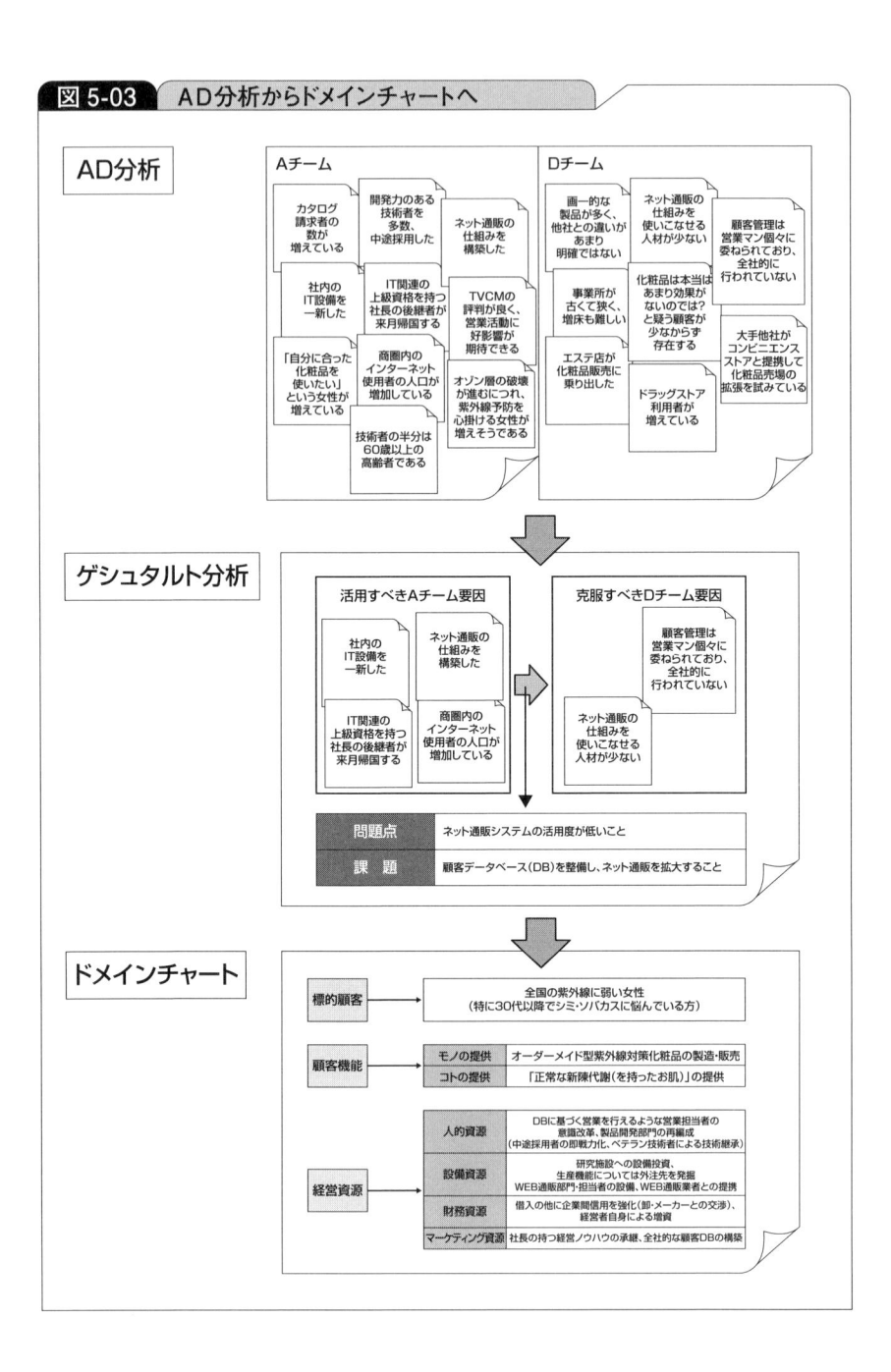

図 5-03　AD分析からドメインチャートへ

AD分析

Aチーム
- カタログ請求者の数が増えている
- 開発力のある技術者を多数、中途採用した
- ネット通販の仕組みを構築した
- 社内のIT設備を一新した
- IT関連の上級資格を持つ社長の後継者が来月帰国する
- TVCMの評判が良く、営業活動に好影響が期待できる
- 「自分に合った化粧品を使いたい」という女性が増えている
- 商圏内のインターネット使用者の人口が増加している
- オゾン層の破壊が進むにつれ、紫外線予防を心掛ける女性が増えそうである
- 技術者の半分は60歳以上の高齢者である

Dチーム
- 画一的な製品が多く、他社との違いがあまり明確ではない
- ネット通販の仕組みを使いこなせる人材が少ない
- 顧客管理は営業マン個々に委ねられており、全社的に行われていない
- 化粧品は本当はあまり効果がないのでは？と疑う顧客が少なからず存在する
- 事業所が古くて狭く、増床も難しい
- エステ店が化粧品販売に乗り出した
- ドラッグストア利用者が増えている
- 大手他社がコンビニエンスストアと提携して化粧品売場の拡張を試みている

ゲシュタルト分析

活用すべきAチーム要因
- 社内のIT設備を一新した
- ネット通販の仕組みを構築した
- IT関連の上級資格を持つ社長の後継者が来月帰国する
- 商圏内のインターネット使用者の人口が増加している

克服すべきDチーム要因
- 顧客管理は営業マン個々に委ねられており、全社的に行われていない
- ネット通販の仕組みを使いこなせる人材が少ない

問題点	ネット通販システムの活用度が低いこと
課題	顧客データベース(DB)を整備し、ネット通販を拡大すること

ドメインチャート

標的顧客	全国の紫外線に弱い女性 (特に30代以降でシミ・ソバカスに悩んでいる方)	
顧客機能	モノの提供	オーダーメイド型紫外線対策化粧品の製造・販売
	コトの提供	「正常な新陳代謝(を持ったお肌)」の提供
経営資源	人的資源	DBに基づく営業を行えるような営業担当者の意識改革、製品開発部門の再編成 (中途採用者の即戦力化、ベテラン技術者による技術継承)
	設備資源	研究施設への設備投資、生産機能については外注先を発掘 WEB通販部門・担当者の設備、WEB通販業者との提携
	財務資源	借入の他に企業間信用を強化(卸・メーカーとの交渉)、経営者自身による増資
	マーケティング資源	社長の持つ経営ノウハウの承継、全社的な顧客DBの構築

（2）標的顧客の設定

ドメインチャートの体系では、ドメインの3要素である「標的顧客」「顧客機能」「経営資源」をそれぞれ分解していきます。

標的顧客を設定する際には、3年後、または5年後には、どのような顧客を標的にするかを考えます。

ドメインチャートの標的顧客には、「既存・新規別に設定」「顧客属性別に設定」「優先順位別に設定」とあります（図5-04）。

具体的には、「新規顧客と既存顧客の比率はどうするか？」「新規顧客の属性や階層はどうするか？」「複数の顧客を標的とする場合のウエイトづけはどうするか？」などを考えます。

DREAを導入するコンサルタントは、グループで、ホワイトボードなどに書き出してもらうと良いでしょう。

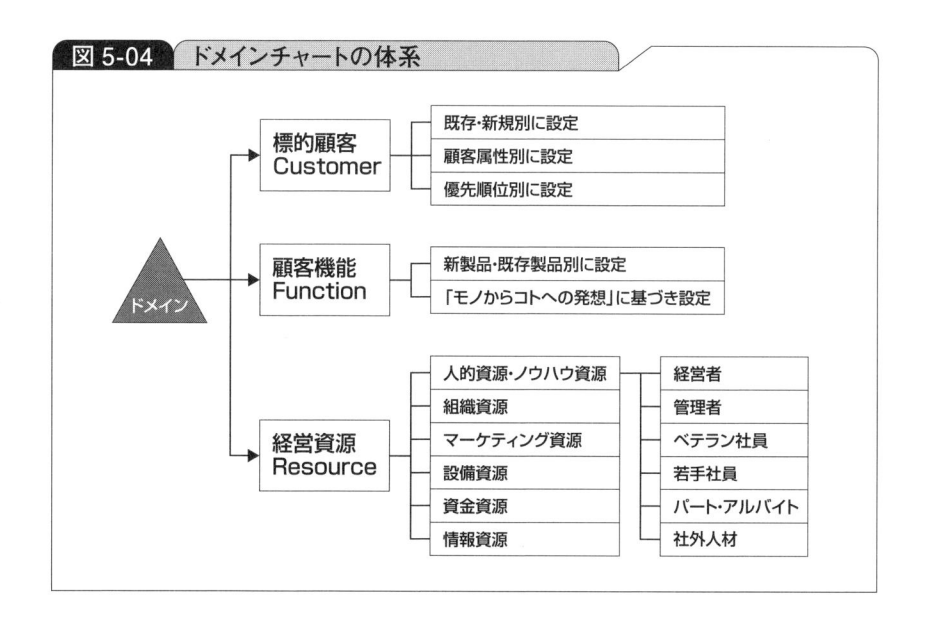

図5-04　ドメインチャートの体系

ドメイン
- 標的顧客 Customer
  - 既存・新規別に設定
  - 顧客属性別に設定
  - 優先順位別に設定
- 顧客機能 Function
  - 新製品・既存製品別に設定
  - 「モノからコトへの発想」に基づき設定
- 経営資源 Resource
  - 人的資源・ノウハウ資源
    - 経営者
    - 管理者
    - ベテラン社員
    - 若手社員
    - パート・アルバイト
    - 社外人材
  - 組織資源
  - マーケティング資源
  - 設備資源
  - 資金資源
  - 情報資源

(3) 顧客機能の設定

　顧客機能を設定する際には、3年後、または5年後には、どのように顧客の欲求を満たすかを考えます。

　ドメインチャートの顧客機能には、「新製品・既存製品別に設定」「『モノからコトへの発想』に基づき設定」とあります。

　具体的には、「既存製品の改良・多機能化・品質向上をどう考えるか？」「既存製品の他の市場への転用をどのように考えるか？」「モノからコトへの発想に立脚し、コトの提供を強化できないか？」「新製品と既存製品の比率はどうするか？」「製品やサービスの価格をどう設定するか？」などを考えます。

　ＤＲＥＡを導入するコンサルタントは、標的顧客と同様に、グループで、ホワイトボードなどに書き出してもらうと良いでしょう。

(4) コトを提供するメリット①

　顧客機能を設定するときには、モノからコトへの発想の転換が必要です。ドメインの設定においてコトの提供を考えるメリットのひとつには、多くの顧客を獲得する可能性が挙げられます。

　「化粧品を販売する」という、モノ提供型のドメインでは、他の化粧品会社からしか顧客を獲得することができません。

　しかし、「美と健康を追求する」という、コト提供型のドメインに転換すると、「化粧品を売る会社」以外に、「健康食品を売る会社」「エステの会社」「美容整形外科」「旅行会社」「スポーツジム」のように、美と健康に関わるあらゆる産業から顧客を獲得することができます（図5-05）。

(5) コトを提供するメリット②

　コトを提供するメリットのもうひとつには、事業の永続性が挙げられ

図5-05　ドメインの拡大

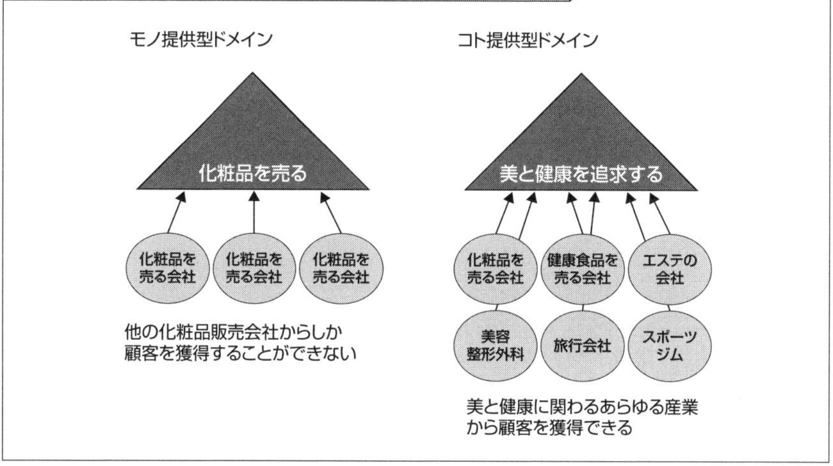

モノ提供型ドメイン

化粧品を売る
← 化粧品を売る会社／化粧品を売る会社／化粧品を売る会社

他の化粧品販売会社からしか顧客を獲得することができない

コト提供型ドメイン

美と健康を追求する
← 化粧品を売る会社／健康食品を売る会社／エステの会社／美容整形外科／旅行会社／スポーツジム

美と健康に関わるあらゆる産業から顧客を獲得できる

図5-06　ドメインの永続性

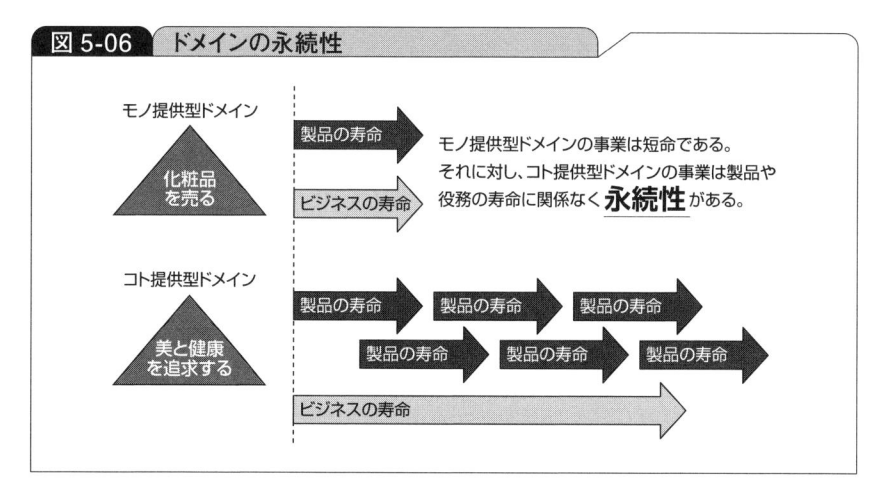

モノ提供型ドメイン
化粧品を売る
　製品の寿命
　ビジネスの寿命

モノ提供型ドメインの事業は短命である。それに対し、コト提供型ドメインの事業は製品や役務の寿命に関係なく**永続性**がある。

コト提供型ドメイン
美と健康を追求する
　製品の寿命　製品の寿命　製品の寿命
　　製品の寿命　製品の寿命　製品の寿命
　ビジネスの寿命

ます。

　「化粧品を売る」というモノ提供型のドメインでは、製品の寿命が、ビジネスの寿命となります。しかしコト提供型のドメインでは、モノ提供型のドメインと異なり、製品や役務の寿命に関係なく永続性があります（図5-06）。

section 2　ドメインチャート

経営資源の設定

　経営資源を設定する際には、経営資源の内容をより具体的に分解して考えましょう。

　ドメインチャートの経営資源（図5-04）には、「人的資源・ノウハウ資源」「組織資源」「マーケティング資源」「設備資源」「資金資源」「情報資源」とあります。このほかにもＤＲＥＡを導入する企業で必要な資源があれば、適宜加えていきましょう。

　人的資源・ノウハウ資源の場合には、3年後、または5年後には、どのような人的資源が必要かを中心に考えます。

　具体的には、
「経営者はどうなるべきか？」
「管理者はどうなるべきか？」
「ベテラン社員はどうなるべきか？」
「若手社員はどうなるべきか？」
「パート・アルバイトはどうなるべきか？」
といった社内人材の活用の他、
「取引先企業の人材をいかに活用するか？」
「顧客をどのように巻き込むか？」
といった社外人材の活用についても考えます。

　ＤＲＥＡを導入するコンサルタントは、標的顧客や顧客機能と同様に、グループで、ホワイトボードなどに書き出してもらうと良いでしょう。

　化粧品メーカーのドメインチャート例を見ると、モノの提供とコトの提供という2つの視点の顧客機能を明確化し、経営資源は、人的資源、

設備資源、財務資源、マーケティング資源を中心に挙げています（図5-07）。

経営資源については、PART7 section6でも取り上げています。

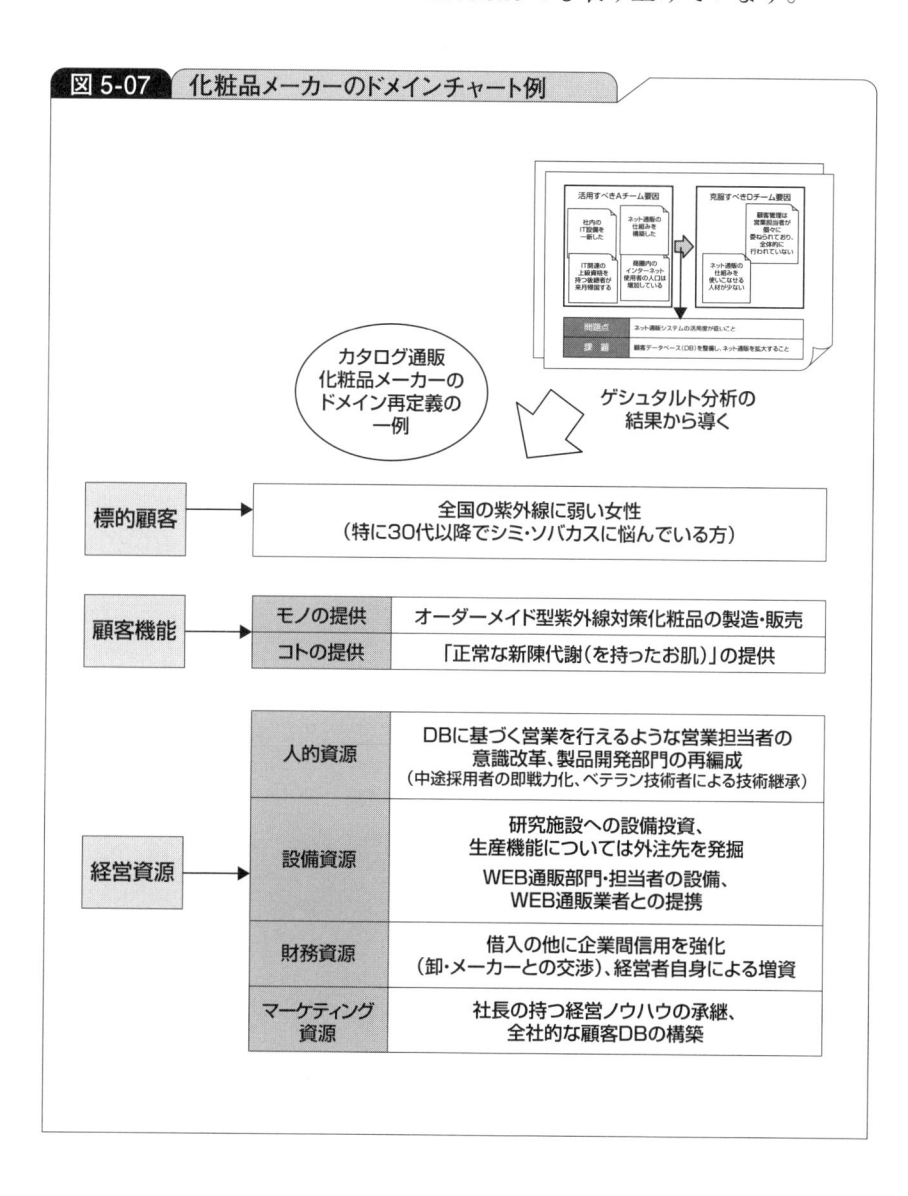

図5-07　化粧品メーカーのドメインチャート例

活用すべきAチーム要因	克服すべきDチーム要因
社内のIT設備を一新した／ネット通販の仕組みを構築した／IT関連の上級資格を持つ後継者が来月機譲する／業態内のインターネット使用者の人口は増加している	顧客管理は営業担当者が個々に受けており、全社的に行われていない／ネット通販の仕組みを使いこなせる人材がいない

問題点	ネット通販システムの活用度が低いこと
課題	顧客データベース（DB）を整備し、ネット通販を拡大すること

カタログ通販化粧品メーカーのドメイン再定義の一例

ゲシュタルト分析の結果から導く

標的顧客	全国の紫外線に弱い女性 （特に30代以降でシミ・ソバカスに悩んでいる方）

顧客機能	モノの提供	オーダーメイド型紫外線対策化粧品の製造・販売
	コトの提供	「正常な新陳代謝（を持ったお肌）」の提供

経営資源	人的資源	DBに基づく営業を行えるような営業担当者の意識改革、製品開発部門の再編成 （中途採用者の即戦力化、ベテラン技術者による技術継承）
	設備資源	研究施設への設備投資、 生産機能については外注先を発掘 WEB通販部門・担当者の設備、 WEB通販業者との提携
	財務資源	借入の他に企業間信用を強化 （卸・メーカーとの交渉）、経営者自身による増資
	マーケティング資源	社長の持つ経営ノウハウの承継、 全社的な顧客DBの構築

PART 5　ドメインチャート

section 3　ドメインチャート
ドメインの基本公式

(1) ドメインの基本公式

　ドメインの基本公式を考える場合には、現在のドメインに、AD分析、ゲシュタルト分析から導き出された課題を加え、現在のドメインよりも大きな将来のドメインを築くことができれば理想的です。

　反対に、ドメインを再構築してもうまくいかないタイプには、「天空の城型ドメイン」と「引き算型ドメイン」があります。

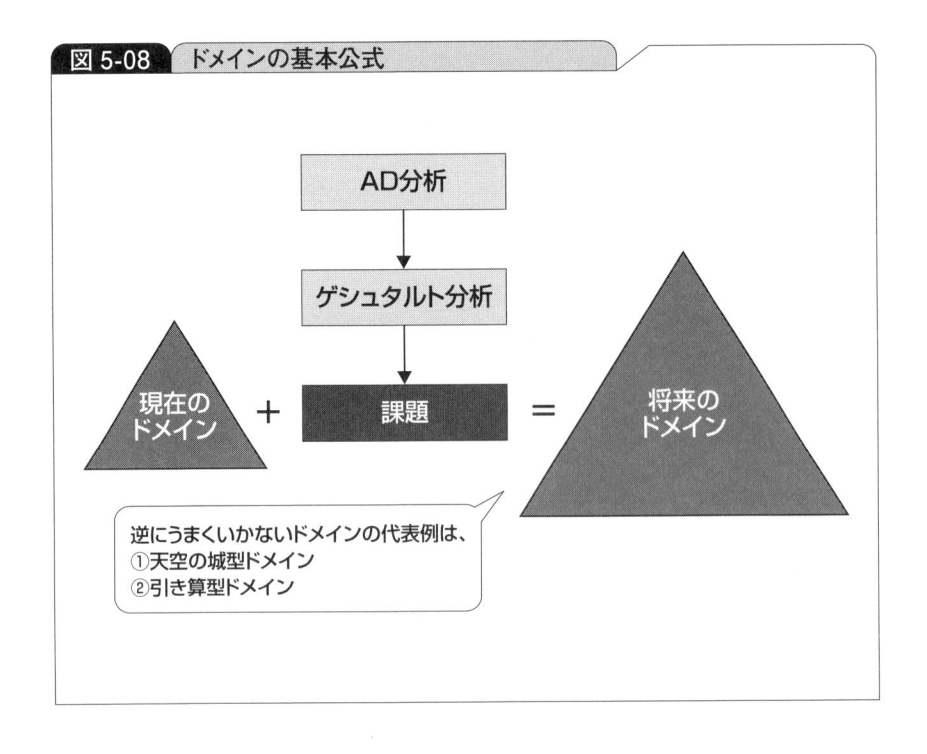

図 5-08　ドメインの基本公式

現在のドメイン ＋ (AD分析 → ゲシュタルト分析 → 課題) ＝ 将来のドメイン

逆にうまくいかないドメインの代表例は、
① 天空の城型ドメイン
② 引き算型ドメイン

(2) 天空の城型ドメイン

「天空の城型ドメイン」は、別名、「砂上の楼閣型ドメイン」とも呼び、経営者や事業責任者などの頭の中で突然、浮かび上がるドメインのことを指します。

多くの場合、標的顧客や顧客機能、経営資源が曖昧で、事業理念のみからなる場合が多いドメインです。

AD分析、ゲシュタルト分析といったプロセスを経ていないため、裏づけが乏しく、実現可能性が低いドメインです。

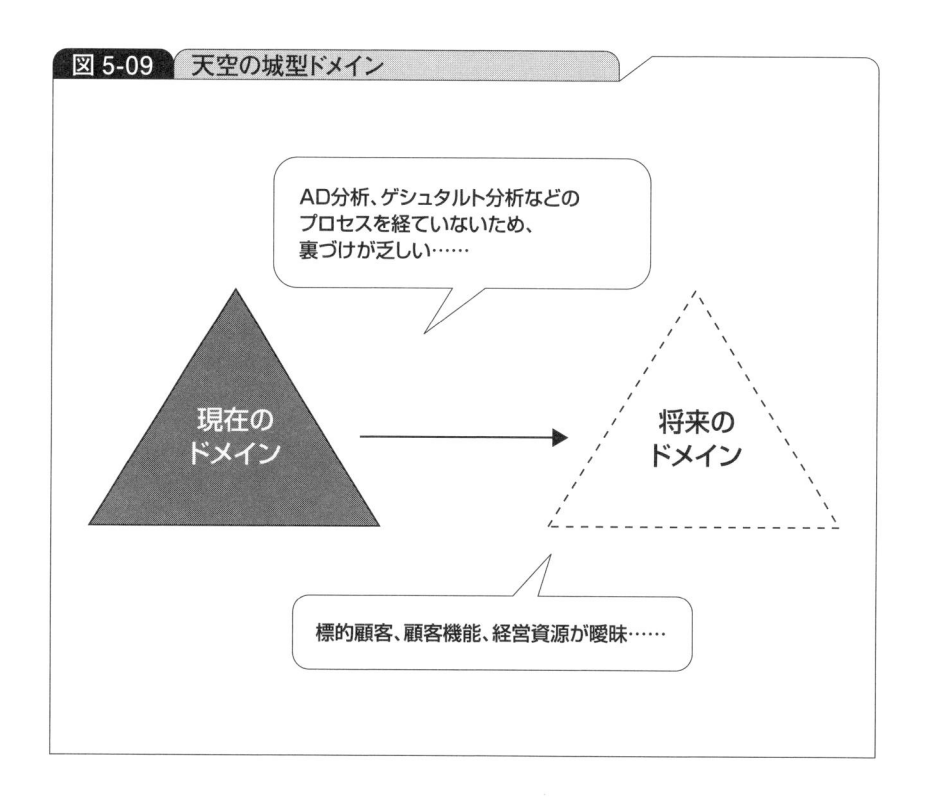

図5-09　天空の城型ドメイン

AD分析、ゲシュタルト分析などのプロセスを経ていないため、裏づけが乏しい……

現在のドメイン → 将来のドメイン

標的顧客、顧客機能、経営資源が曖昧……

(3) 引き算型ドメイン①

「引き算型ドメイン」とは、現在のドメインに課題をプラスすることで、将来のドメインを築くのではなく、あらかじめ想定した将来のドメインから現在のドメインを差し引いて課題を見つける考え方です。

引き算でも、ドメインと課題の関係を表すことはできますが、根拠が乏しい将来のドメインとなる場合が多く、「天空の城型ドメイン」と同様、実現可能性が低いことがあります。

いままで学習してきた、AD分析やゲシュタルト分析を経て作成された将来のドメインは、結果だけでなく、グループ全員で作成したドメインであるため、グループのメンバーがドメインの実現に向けて実行する可能性が高く、それが将来のドメインの実現可能性の高さにもつながります。

経営幹部全員、企業の役員全員、5年目社員全員、新入社員全員などで再構築したドメインにこそ、価値が生まれるものなのです。

図 5-10　引き算型ドメイン①

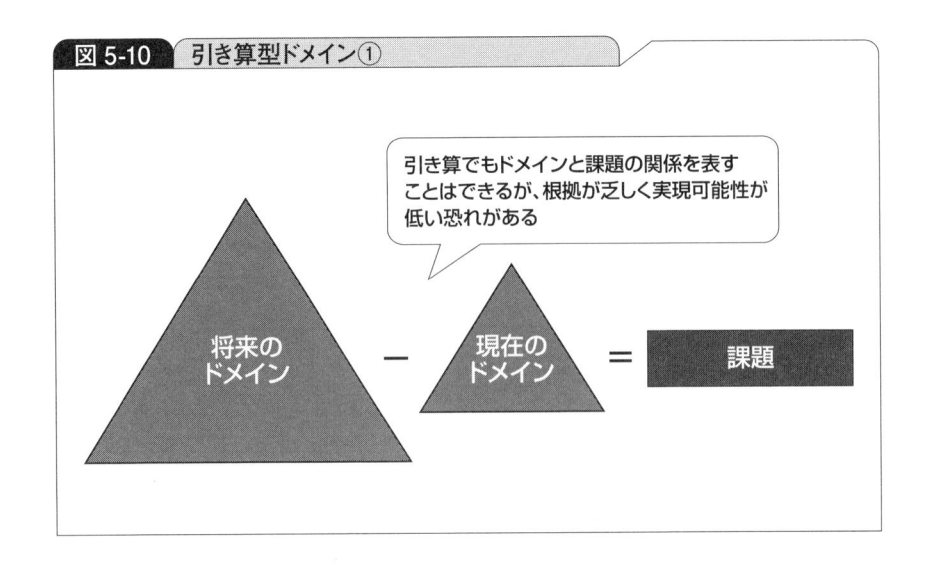

引き算でもドメインと課題の関係を表すことはできるが、根拠が乏しく実現可能性が低い恐れがある

将来のドメイン － 現在のドメイン ＝ 課題

(4) 引き算型ドメイン②

　引き算型ドメインの場合、将来のドメインを大きく見積もりすぎると、現在のドメインとの差である課題が、過大に設定される恐れがあります。あまりにも課題が現実離れしていて大きいと、課題を解決しようという、実行の意欲がメンバーから失われてしまいます。

　以上のような、「天空の城型ドメイン」や「引き算型ドメイン」は、企業（事業）の課題について、将来のドメインありきで設定するため、従業員がついてこないという結果を招きます。

　ＤＲＥＡの目的である、現場の意見を反映し、現場が納得し、行動に起こすことができる戦略にするためには、図5-08の公式に忠実に考えていくことが、一番の近道といえます。

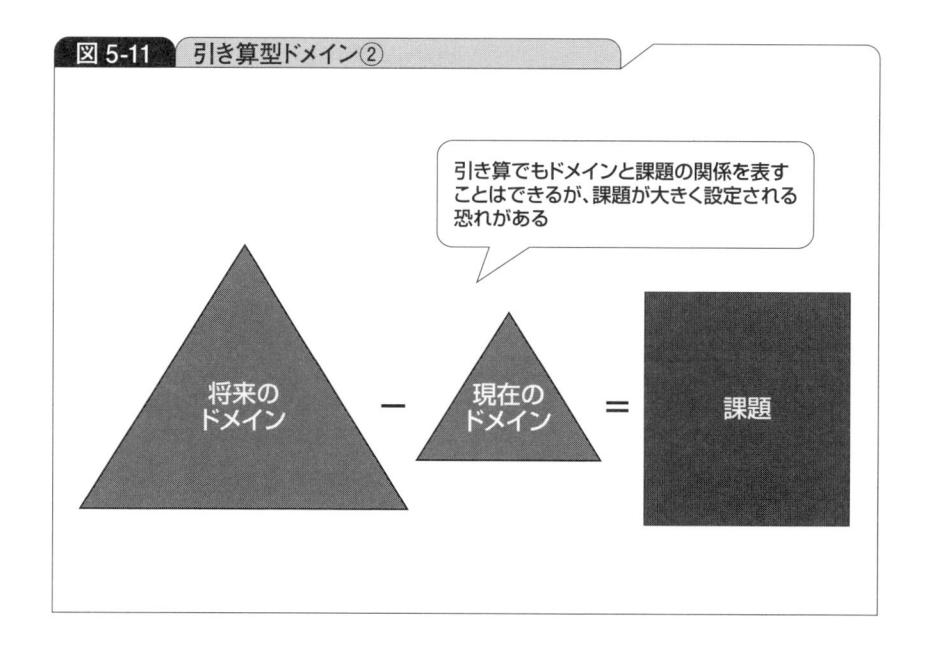

図 5-11　引き算型ドメイン②

引き算でもドメインと課題の関係を表すことはできるが、課題が大きく設定される恐れがある

将来のドメイン － 現在のドメイン ＝ 課題

section 4 ドメインチャート

ドメインチャートの作成

　前述した、S社Z店のAD分析とゲシュタルト分析から、実際に埋められたドメインチャートを参照しましょう（図5-13）。

・顧客機能の「コトの提供」の空欄部分には、「トータルコーディネートの提案」と「いつでも相談・いつでも受け取りOK」の利便性が入りました。
・人的資源の「長女」の空欄部分には、「店舗・販売の総責任者および店員教育の担い手」と「売場改善、売り方改革を実行」が入りました。
・人的資源の「長男」の空欄部分には、「商品開発・仕入の総責任者」

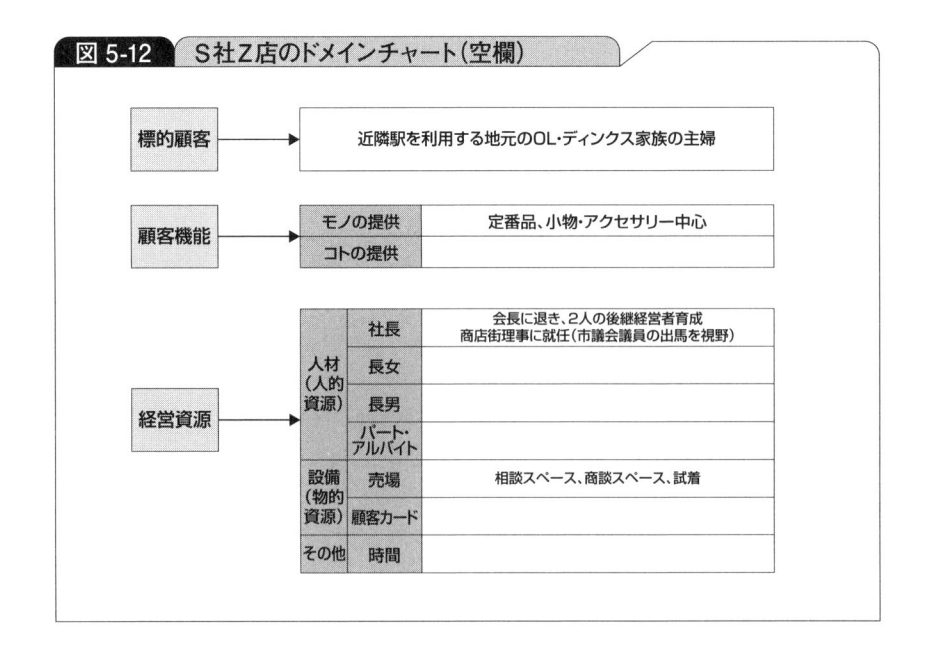

図 5-12　S社Z店のドメインチャート（空欄）

標的顧客		近隣駅を利用する地元のOL・ディンクス家族の主婦
顧客機能	モノの提供	定番品、小物・アクセサリー中心
	コトの提供	
経営資源	人材（人的資源）社長	会長に退き、2人の後継経営者育成　商店街理事に就任（市議会議員の出馬を視野）
	長女	
	長男	
	パート・アルバイト	
	設備（物的資源）売場	相談スペース、商談スペース、試着
	顧客カード	
	その他　時間	

と「海外仕入先の開拓と3店舗合同の本部集中仕入の実現」が入りました。
・人的資源の「パート・アルバイト」の空欄部分には、「長女が行う接客研修受講による能力アップと意識改革(働きながらコーディネート技術を学べる店と認識してもらう)」が入りました。

　ここまでが、今回のドメインチャートで一番のボリュームゾーンである人材(人的資源)の箇所です。その他、

・設備(物的資源)には、「顧客カード」の空欄に、「長女と店員が常にメンテナンス」「それを使って長男が仕入業務に役立てる」が入りました。
・その他の部分の時間には、「家族従業員(従業者)を中心に夜間営業を強化」が入りました。

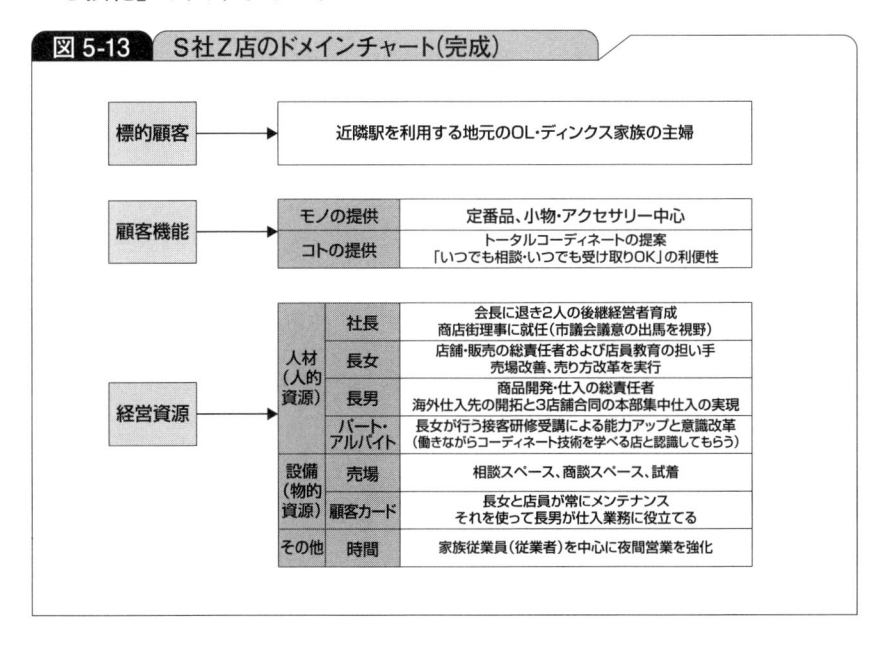

図5-13　S社Z店のドメインチャート(完成)

標的顧客	→	近隣駅を利用する地元のOL・ディンクス家族の主婦	
顧客機能	→	モノの提供	定番品、小物・アクセサリー中心
		コトの提供	トータルコーディネートの提案「いつでも相談・いつでも受け取りOK」の利便性
経営資源	→	人材(人的資源) 社長	会長に退き2人の後継経営者育成 商店街理事に就任(市議会議員の出馬を視野)
		長女	店舗・販売の総責任者および店員教育の担い手 売場改善、売り方改革を実行
		長男	商品開発・仕入の総責任者 海外仕入先の開拓と3店舗合同の本部集中仕入の実現
		パート・アルバイト	長女が行う接客研修受講による能力アップと意識改革 (働きながらコーディネート技術を学べる店と認識してもらう)
		設備(物的資源) 売場	相談スペース、商談スペース、試着
		顧客カード	長女と店員が常にメンテナンス それを使って長男が仕入業務に役立てる
		その他 時間	家族従業員(従業者)を中心に夜間営業を強化

section 5　ドメインチャート

ゲシュタルト分析から
ドメインチャートへ

(1) S社Z店のドメインチャート①

　section4で作成したドメインチャートが、ゲシュタルト分析から作成される場合、どのようにゲシュタルト分析の要素をドメインチャートに反映させ、ドメインチャートを仕上げるのか、3つの例を見ていきましょう。まず、S社Z店のゲシュタルト分析①と②から、Z店のドメインチャート①を構築しました。

　ドメインの3要素のうち、標的顧客は「20～50歳台の地元の主婦」

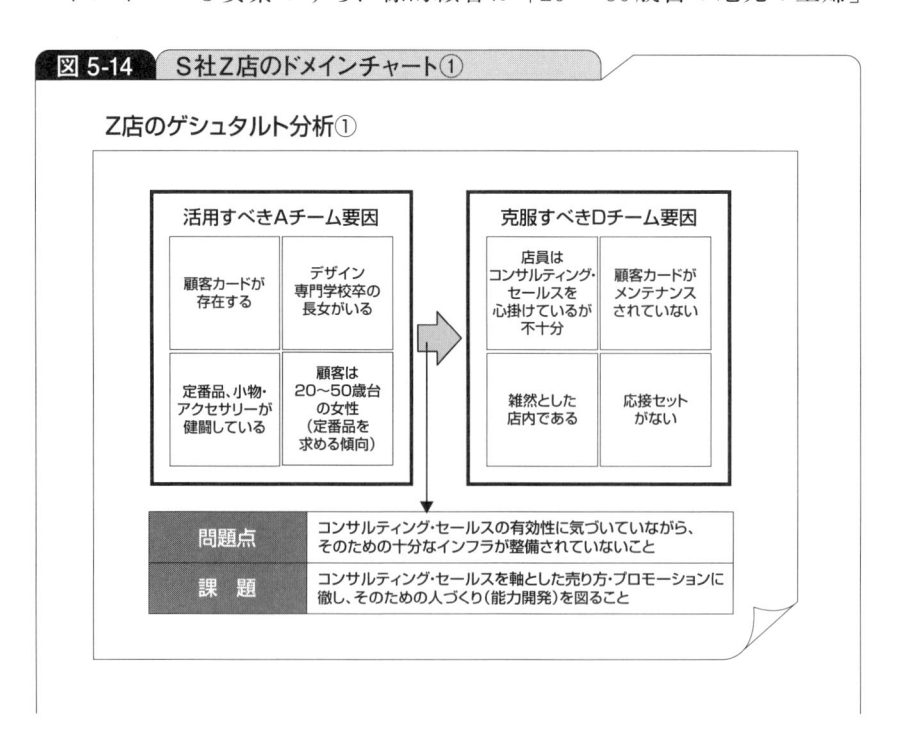

図 5-14　S社Z店のドメインチャート①

Z店のゲシュタルト分析①

活用すべきAチーム要因	克服すべきDチーム要因
顧客カードが存在する ／ デザイン専門学校卒の長女がいる	店員はコンサルティング・セールスを心掛けているが不十分 ／ 顧客カードがメンテナンスされていない
定番品、小物・アクセサリーが健闘している ／ 顧客は20～50歳台の女性（定番品を求める傾向）	雑然とした店内である ／ 応接セットがない

問題点	コンサルティング・セールスの有効性に気づいていながら、そのための十分なインフラが整備されていないこと
課題	コンサルティング・セールスを軸とした売り方・プロモーションに徹し、そのための人づくり（能力開発）を図ること

Z店のゲシュタルト分析②

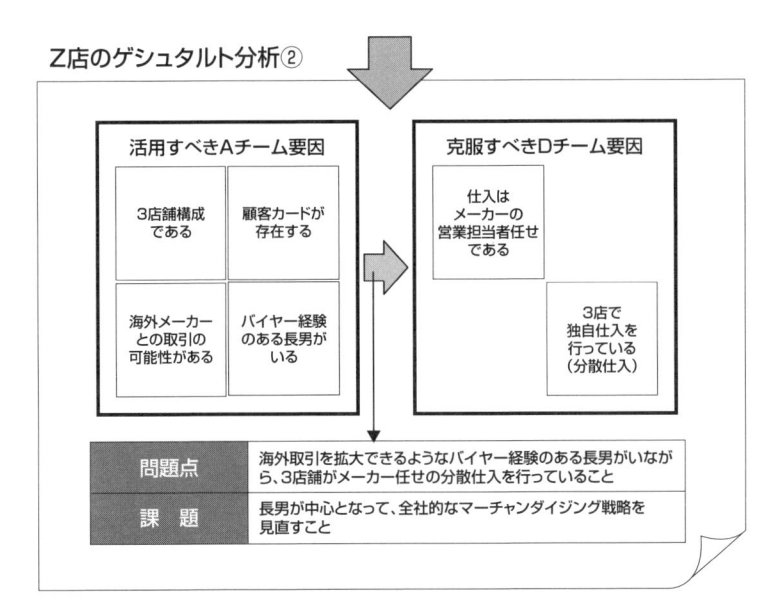

活用すべきAチーム要因
- 3店舗構成である
- 顧客カードが存在する
- 海外メーカーとの取引の可能性がある
- バイヤー経験のある長男がいる

克服すべきDチーム要因
- 仕入はメーカーの営業担当者任せである
- 3店で独自仕入を行っている（分散仕入）

問題点	海外取引を拡大できるようなバイヤー経験のある長男がいながら、3店舗がメーカー任せの分散仕入を行っていること
課題	長男が中心となって、全社的なマーチャンダイジング戦略を見直すこと

Z店のドメインチャート①

標的顧客		20～50歳台の地元の主婦
顧客機能	モノの提供	定番品、小物・アクセサリー中心
	コトの提供	トータルコーディネートの提案
経営資源	人的資源	2人の次世代経営者候補、能力開発された従業員・パート・地元人脈
	設備資源	清潔で整然とした機能的な店舗（商談スペース、相談スペース）
	情報・ノウハウ資源	全販売員が持つコンサルティング・セールス力
	マーケティング資源	3店舗（規模の経済）による集中仕入・協同販促

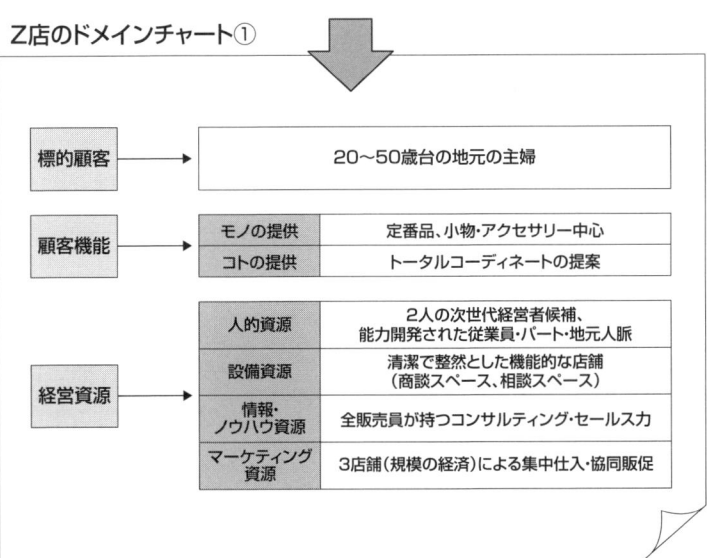

PART 5　ドメインチャート

となりました。

　顧客機能のうち、モノの提供は「定番品、小物・アクセサリー中心」、コトの提供は「トータルコーディネートの提案」となりました。これは、ゲシュタルト分析①の活用すべきAチーム要因と、抽出された課題から設定されています．

　経営資源のうち、人的資源の「2人の次世代経営者候補、能力開発された従業員・パート、地元人脈」は、ゲシュタルト分析①の能力開発の課題が解決した未来の姿が表されています。設備資源の「清潔で整然とした機能的な店舗（商談スペース、相談スペース）」、情報・ノウハウ資源の「全販売員が持つコンサルティング・セールス力」もまた同様です。マーケティング資源は「3店舗（規模の経済）による集中仕入・協同販促」とあり、ゲシュタルト分析②の課題が解決した未来の姿が反映されています。

(2) S社Z店のドメインチャート②

　S社Z店のゲシュタルト分析③から、Z店のドメインチャート②を構築しました。

　ゲシュタルト分析③のAチーム要因より、標的顧客は「独身OL・DINKS主婦」となりました。

　顧客機能のうち、モノの提供は「定番品、小物・アクセサリー中心」、コトの提供は「トータルコーディネートの提案、アフター5ショッピング、受取サービス」となりました。コトの提供について、図5-14のドメインチャート①と比較すると、内容が標的顧客に合わせて追加されていることがわかります。

　経営資源のうち、人的資源は「経営者一家の労働力」、設備資源は「清潔で整然とした機能的な店舗（商談スペース、相談スペース、夜間の商品受取窓口、営業時間延長）」、情報・ノウハウ資源は「長女の接客力」、

図 5-15　S社Z店のドメインチャート②

Z店のゲシュタルト分析③

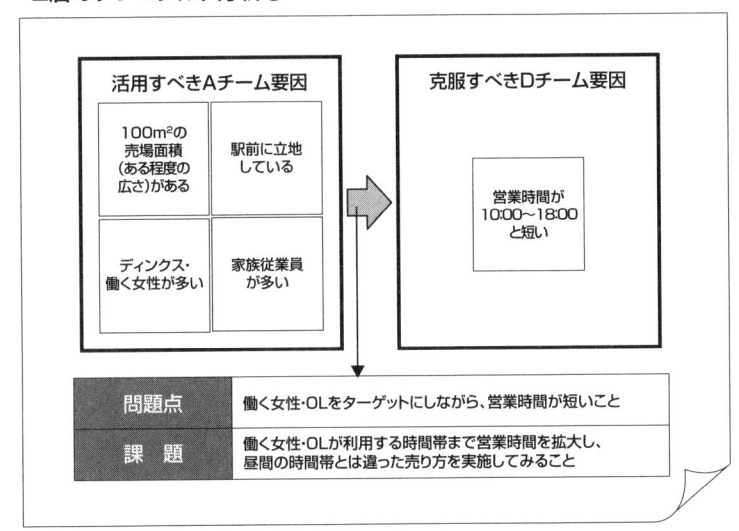

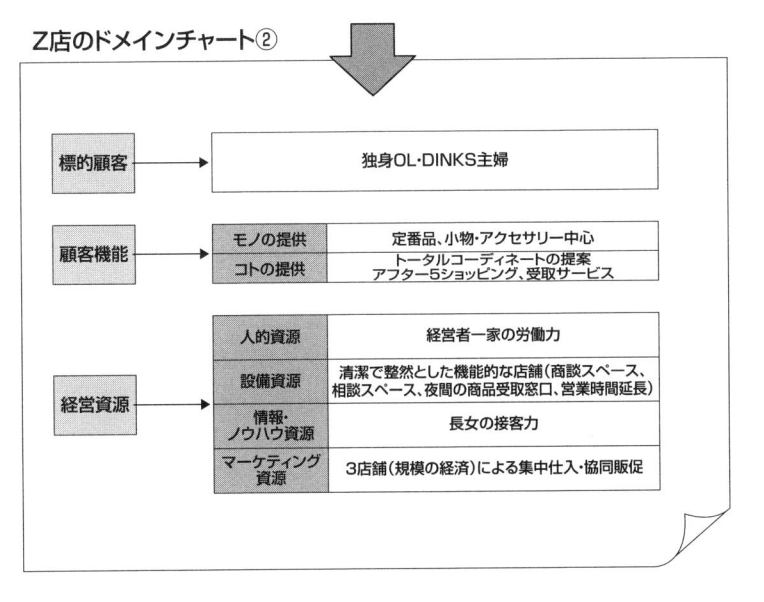

活用すべきAチーム要因
- 100m²の売場面積(ある程度の広さ)がある
- 駅前に立地している
- ディンクス・働く女性が多い
- 家族従業員が多い

克服すべきDチーム要因
- 営業時間が10:00～18:00と短い

問題点	働く女性・OLをターゲットにしながら、営業時間が短いこと
課題	働く女性・OLが利用する時間帯まで営業時間を拡大し、昼間の時間帯とは違った売り方を実施してみること

Z店のドメインチャート②

標的顧客	独身OL・DINKS主婦	
顧客機能	モノの提供	定番品、小物・アクセサリー中心
	コトの提供	トータルコーディネートの提案 アフター5ショッピング、受取サービス
経営資源	人的資源	経営者一家の労働力
	設備資源	清潔で整然とした機能的な店舗(商談スペース、相談スペース、夜間の商品受取窓口、営業時間延長)
	情報・ノウハウ資源	長女の接客力
	マーケティング資源	3店舗(規模の経済)による集中仕入・協同販促

PART 5　ドメインチャート

マーケティング資源は「3店舗（規模の経済）による集中仕入・協同販促」となりました。標的顧客より、営業時間延長は不可欠であり、そのための人的資源として、経営者一家の労働力が挙げられている点が特徴です。

(3) S社Z店のドメインチャート③

　S社Z店のゲシュタルト分析②から、Z店のドメインチャート③を構築しました。ゲシュタルト分析②で抽出された課題である、長男のマーチャンダイジングにより、低価格指向の店舗に負けない、セルフ販売、気軽なショッピングを提供するドメインです。

　ドメインの3要素のうち、標的顧客は「20〜50歳台の地元の主婦」となりました。

　顧客機能のうち、モノの提供は「定番品、小物・アクセサリー中心」、コトの提供が「気軽で楽しくショッピングができる空間と時間」であることが今までと異なる内容です。

　経営資源のうち、人的資源は「従業員・パート、地元人脈」、設備資源は「清潔で整然とした機能的なセルフ販売店舗（展示・陳列方法の工夫、わかりやすい店内表示、手作りＰＯＰ）」であり、顧客機能に合わせて変化が見られます。情報・ノウハウ資源は「顧客カード情報、来店者アンケート情報」、マーケティング資源は「3店舗（規模の経済）による集中仕入・協同販促」となりました。集中仕入だけでなく、顧客カードを使い、3店舗協同で販売促進をする点もポイントです。

図 5-16　S社Z店のドメインチャート③

Z店のゲシュタルト分析②

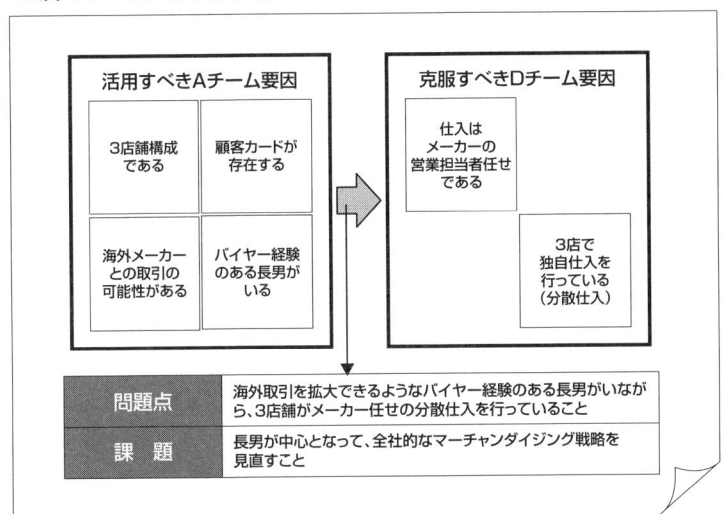

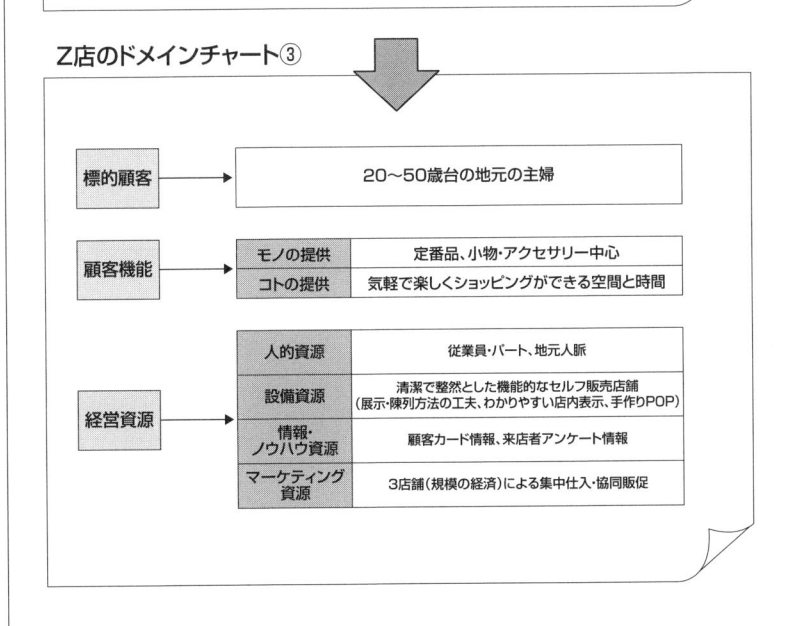

活用すべきAチーム要因
- 3店舗構成である
- 顧客カードが存在する
- 海外メーカーとの取引の可能性がある
- バイヤー経験のある長男がいる

克服すべきDチーム要因
- 仕入はメーカーの営業担当者任せである
- 3店で独自仕入を行っている（分散仕入）

問題点	海外取引を拡大できるようなバイヤー経験のある長男がいながら、3店舗がメーカー任せの分散仕入を行っていること
課題	長男が中心となって、全社的なマーチャンダイジング戦略を見直すこと

Z店のドメインチャート③

標的顧客	20〜50歳台の地元の主婦	
顧客機能	モノの提供	定番品、小物・アクセサリー中心
	コトの提供	気軽で楽しくショッピングができる空間と時間
経営資源	人的資源	従業員・パート、地元人脈
	設備資源	清潔で整然とした機能的なセルフ販売店舗（展示・陳列方法の工夫、わかりやすい店内表示、手作りPOP）
	情報・ノウハウ資源	顧客カード情報、来店者アンケート情報
	マーケティング資源	3店舗（規模の経済）による集中仕入・協同販促

section 1　3つのドメインの採否の判断
section 2　PPMの活用
section 3　PPMの代替指標
section 4　候補ドメインの評価
section 5　PPMと候補ドメインとの関連
section 6　ドメインの再修正
section 7　バランス・スコアカードによる実行

PART 6

採用するドメインの判断

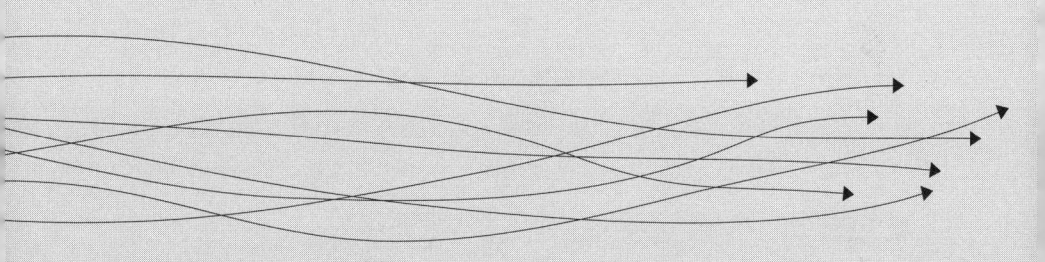

候補であるドメインを採用するか否か
判断するための考え方や
手法を把握する

section 1　採用するドメインの判断

3つのドメインの採否の判断

　AD分析とゲシュタルト分析、そしてドメインチャートの作成により、3つのドメインを構築しました。ここで3つのドメインに番号をつけます（図6-01）。

　S社Z店では、構築したドメイン（D1、D2、D3）のうち、どのドメインを採用したら良いでしょうか。

(1) 採用されなかったメンバーの協力が成功の鍵

　ドメインを採否する際には、構築したドメインが採用されたグループ

図 6-01　S社Z店の3つのドメインチャート

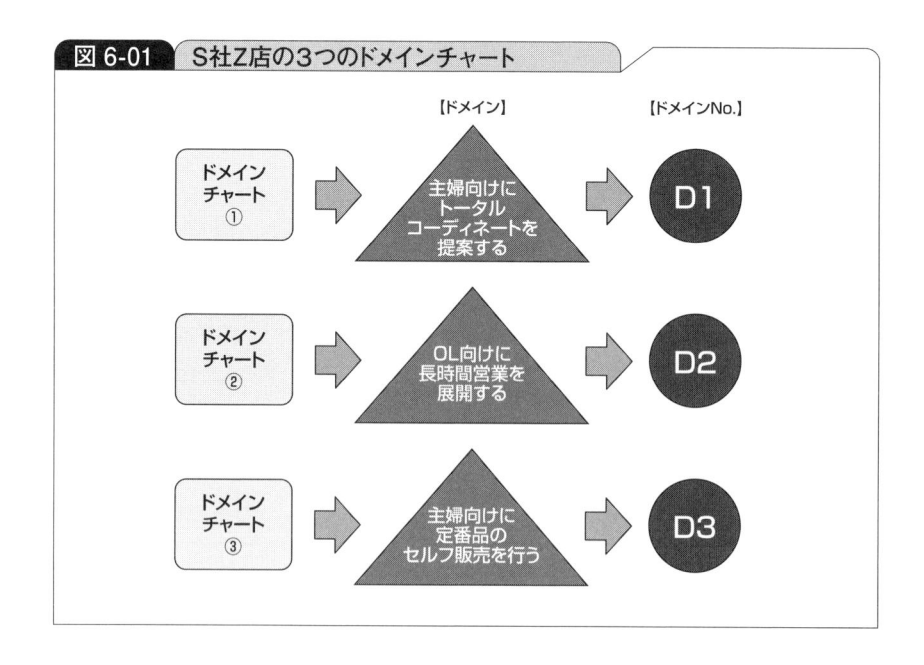

ドメインチャート	→	【ドメイン】	→	【ドメインNo.】
ドメインチャート①	→	主婦向けにトータルコーディネートを提案する	→	D1
ドメインチャート②	→	OL向けに長時間営業を展開する	→	D2
ドメインチャート③	→	主婦向けに定番品のセルフ販売を行う	→	D3

より、採用されなかったグループへの配慮が必要です。

　各グループが、ＡＤ分析とゲシュタルト分析を経て、時間をかけて作成したドメインです。自分たちが構築したドメインには少なからず思い入れがあるでしょう。

　コンサルタントが企業にＤＲＥＡを導入する際には、ドメインを完成して終了ではありません。

　冒頭の戦略的マーケティングのフロー（11ページ）にもあったように、ドメインに基づき、戦略を実行に移さなければなりません。

　せっかく構築したドメインでも、実行されなければ宝の持ち腐れです。また、採用されたドメインを実行し、企業の戦略的マーケティングを成功に導くためには、採用されなかったグループのメンバーの協力が必要不可欠です。

(2) ドメインの採否の際のポイント

　いままでのコンサルティングでＤＲＥＡを導入した企業のうち、再構築したドメインに基づき、戦略的マーケティングを実行して成功した企業のドメインの採否の共通点として、次の３つが挙げられます。

・定量的かつ客観的な基準
・採用されなかったメンバーの協力
・コンティンジェンシー※・プランの視点

　企業は外部および内部の利害関係者の期待を満たすためにも、継続して利益を生み出す必要があります。

　そこで、利益やキャッシュフローの数値に基づいた、定量的かつ客観的な基準が必要となります。コンティンジェンシー・プランについてはsection5で説明します。

※コンティンジェンシー（contingency）：不測の事態。

section 2　採用するドメインの判断

PPMの活用

(1) PPMの概要

　ボストン・コンサルティング・グループ（BCG：Boston Consulting Group）が開発したPPM（Product Portfolio Management）は、自社の製品・事業を2つの評価尺度を用い、4つのセルに分類し、企業全体としてバランスのとれた収益の獲得と成長の実現を狙う戦略策定手法です。

　PPMは、自社の経営資源配分の手法であり、多角化が進展したアメリカで複数の事業の合理的な管理手法として誕生しました。

　図6-02のように「金のなる木」で生み出した余剰資金を、魅力の高い「問題児」や「花形製品」に集中投入しつつ、魅力のない「問題児」や「負け犬」から撤退するという、資金の選択と集中が戦略ポイントになります。PPMについては、PART7 section7でも取り上げています。

(2) 市場占有率と相対的市場占有率

①市場占有率

　ある商品の市場において、ひとつの企業が全需要のうち、どの程度の割合を供給しているかを示す指標を、市場占有率（マーケットシェア）といいます。企業の利益率に影響を与える要因のひとつです。

②相対的市場占有率

　PPMで用いられる市場占有率は、相対的市場占有率です。これは、業界における最大の競合他社の市場占有率に対する、自社の市場占有率で表されます。

(3) キャッシュフローの配分方法

　ＰＰＭでは、「金のなる木」で稼いだキャッシュを、「問題児」である製品や事業部に投入して、「花形製品」になるように育てます。また、製薬会社のように、金のなる木で稼いだキャッシュを、研究開発に投入し、花形製品となる「新製品」を開発するようなキャッシュの流れも考えられます。

(4) ＰＰＭの各セルにおける戦略の方向

　ＰＰＭの各セルにおける戦略の方向は、次のようになります。
- **問題児**→キャッシュや経営資源を投入する。花形製品への「拡大」を戦略の方向とする。
- **金のなる木**→キャッシュの根源であるため、キャッシュの「収穫」が戦略の方向である。また、市場シェアの「維持」を図る。
- **負け犬**→「撤退」の検討と、損失を低く抑えるためのコストの「回収」が戦略の方向である。

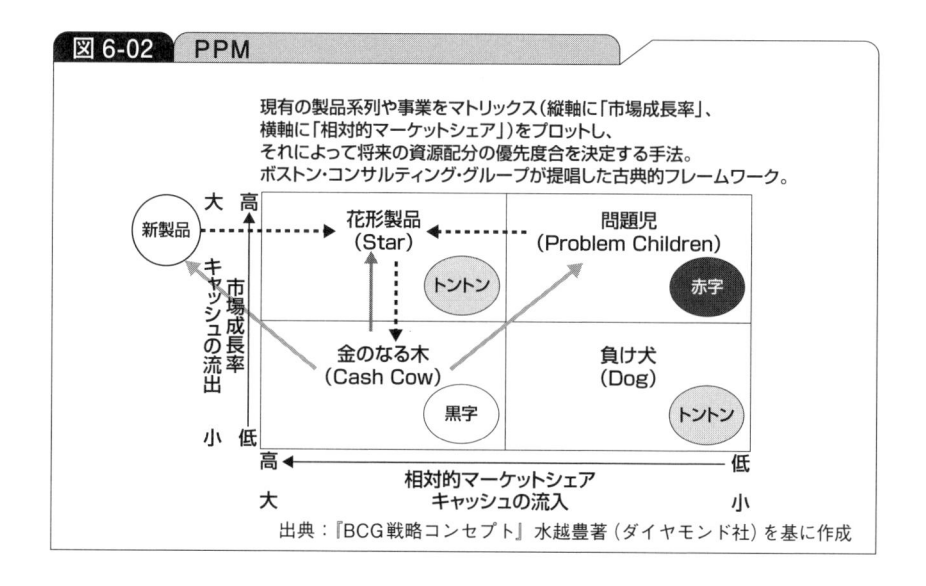

図 6-02　PPM

現有の製品系列や事業をマトリックス(縦軸に「市場成長率」、横軸に「相対的マーケットシェア」)をプロットし、それによって将来の資源配分の優先度合を決定する手法。ボストン・コンサルティング・グループが提唱した古典的フレームワーク。

	花形製品(Star)	問題児(Problem Children)
市場成長率 高	トントン	赤字
市場成長率 低	金のなる木(Cash Cow) 黒字	負け犬(Dog) トントン

新製品 ← キャッシュの流出

相対的マーケットシェア（高・大 ← → 低・小）
キャッシュの流入

出典：『BCG戦略コンセプト』水越豊著（ダイヤモンド社）を基に作成

section 3　採用するドメインの判断
PPMの代替指標

(1) 業界内における自社の予想シェア

　PPMを使用するときに問題となるのが、社外データが入手しにくいことです。例えば横軸の相対的マーケットシェアは、企業が属する市場の範囲を確定した上で、自社のシェアを算出する必要があります。また、競合他社のシェアも必要となります。

　このような社外データを入手することは困難な場合がありますが、キャッシュフローの視点から、次のような代替指標を用いることができます。

　PPMの横軸は、キャッシュの流入の大小を表すため、キャッシュの流入につながる指標を採用します。

①事業別予想粗利益率

　事業別に予想される粗利益の売上高に対する割合です。これは、

　　（売上高－売上原価）÷売上高

で算出できます。

②事業別予想売上高

　事業別に予想される売上高です。

(2) 業界自体の予想成長率

　業界自体の成長率を予想するには、市場の範囲を把握した上で、業界の収益性や将来の市場規模を予想する必要があります。

　このような社外データを入手することは困難な場合がありますが、キャッシュフローの視点から、次のような代替指標を用いることができ

ます。

　ＰＰＭの縦軸は、キャッシュの流出の大小を表しているため、キャッシュの流出につながる指標を採用します。

①事業別予想販売促進費率

　事業別に予想される販売促進費（広告宣伝費など）の売上高に対する割合です。

②事業別予想経費率

　事業別に予想される経費の売上高に対する割合です。

　また、業界の成長率は入手できないが、自社の数値で事業の成長率がわかる場合の指標として、下記が挙げられます。

③事業別予想売上高成長率

　事業別に予想される昨年度からの売上高の成長率です。

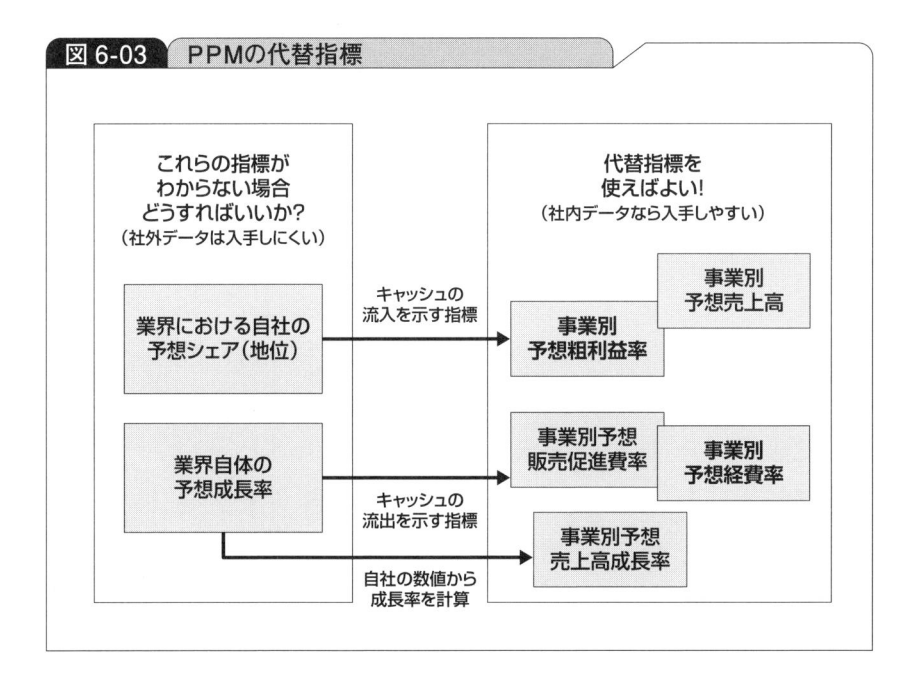

図 6-03　PPMの代替指標

これらの指標がわからない場合どうすればいいか？（社外データは入手しにくい）		代替指標を使えばよい！（社内データなら入手しやすい）
業界における自社の予想シェア（地位）	キャッシュの流入を示す指標 →	事業別予想粗利益率／事業別予想売上高
業界自体の予想成長率	キャッシュの流出を示す指標 →	事業別予想販売促進費率／事業別予想経費率
	自社の数値から成長率を計算 →	事業別予想売上高成長率

section 4　採用するドメインの判断
候補ドメインの評価

(1) PPMの縦軸と横軸
　S社Z店の事例を使い、PPMでのドメインの評価をします。PPMの横軸である「相対的マーケットシェア」を、「事業別予想粗利益率」に置き換えました。
　また、PPMの縦軸である「市場成長率」を、「事業別予想経費率」に置き換えてS社Z店のドメインについて検討します。
　縦軸と横軸が決まったら、D1～D3の候補ドメインを、図6-04のように評価します。

(2) 候補ドメイン（D1）の評価
　候補ドメイン（D1：主婦向けにトータルコーディネートを提案する）は、トータルコーディネートの提案により、利益率の高い商品の販売もできると考え、「事業別予想粗利益率」は高く評価されました。また、「事業別予想経費率」は、必要な教育が長女によるものであるため、低く評価しました。つまり、収入が大きくて支出は小さいことになります。
　差し引きの評価は黒字のため、「金のなる木」に該当します。

(3) 候補ドメイン（D2）の評価
　候補ドメイン（D2：OL向けに長時間営業を展開する）は、「事業別予想粗利益率」は、ショッピングにお金を使う標的顧客であることもあり、高く評価しました。また、標的顧客に合わせた販売促進を必要とするため、「事業別予想経費率」も高い評価でした。つまり、収入は大

きくて支出も大きいことになります。

差し引きの評価は、収支トントンのため、「花形製品」に該当します。

(4) 候補ドメイン（D3）の評価

候補ドメイン（D3：主婦向けに定番品のセルフ販売を行う）は、低価格品指向への対応でもあるため、「事業別予想粗利益率」は低く、「事業別予想経費率」も低い評価でした。つまり、収入は小さくて支出も小さいことになります。

差し引きの評価は、収支トントンですが、「負け犬」に該当します。

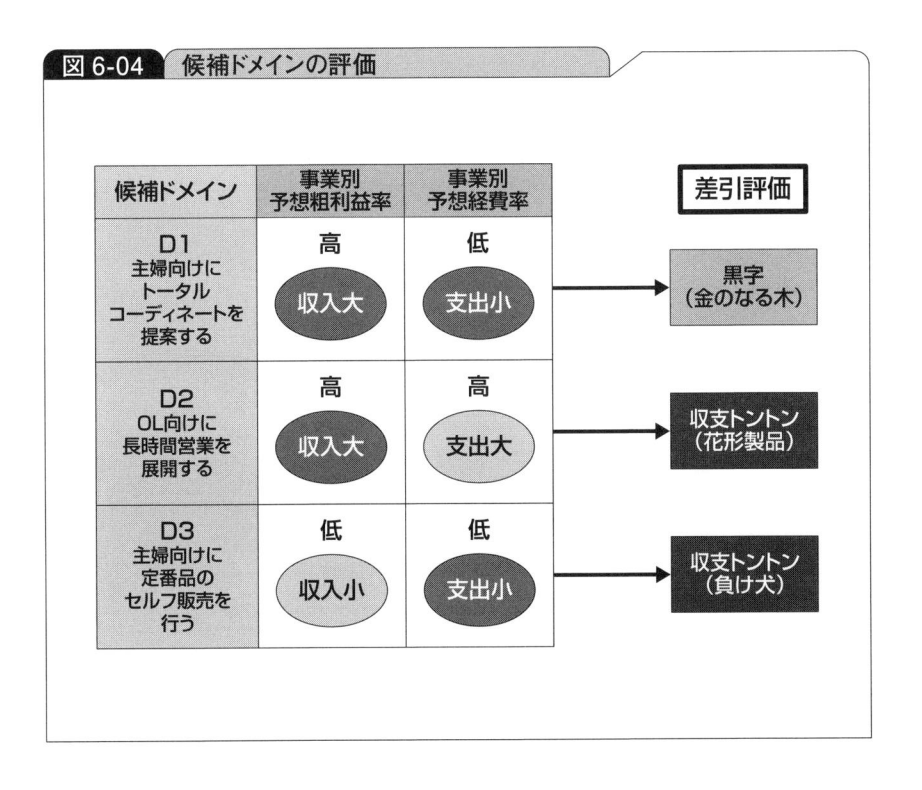

図 6-04　候補ドメインの評価

候補ドメイン	事業別予想粗利益率	事業別予想経費率	差引評価
D1 主婦向けにトータルコーディネートを提案する	高 収入大	低 支出小	黒字（金のなる木）
D2 OL向けに長時間営業を展開する	高 収入大	高 支出大	収支トントン（花形製品）
D3 主婦向けに定番品のセルフ販売を行う	低 収入小	低 支出小	収支トントン（負け犬）

section 5 採用するドメインの判断
PPMと候補ドメインとの関連

(1) PPMと候補ドメインとの関連

先ほどの評価を、PPMに当てはめると、次のようになります。

「金のなる木」である候補ドメイン（D1）と「花形製品」である候補ドメイン（D2）が採用となり、「負け犬」の候補ドメイン（D3）は残念ながら不採用となります。

しかし、採用が決まっても2つのドメインを同時に実行することは困難です。2つのドメインを同時に実行すれば、事業の方向性は定まらなくなり、従業員も混乱し、実行することが難しくなります。

図 6-05　候補ドメインとPPMとの関連

		事業別予想粗利益率	
		高い	低い
事業別予想経費率	高い	花形製品（トントン） D2（採用）	問題児（赤字）
	低い	金のなる木（黒字） D1（採用）	負け犬（トントン） D3（不採用）

よって、採用する候補ドメインのうち、どちらかに優先順位をつける必要があります。
　これは企業の財務状況によって判断が異なる場合がありますが、今回はＰＰＭをベースに検討しているため、「金のなる木」で稼いだキャッシュを「花形製品」に投入して、将来の「金のなる木」を育てるという原則に基づいて、候補ドメイン（Ｄ１）を最初に実行し、順調にキャッシュを稼げてきたら、候補ドメイン（Ｄ２）も実行していくというシナリオで進めます。

(2) コンティンジェンシー・プランを考慮

　ＰＰＭ理論に基づいて、優先順位を決定しましたが、候補ドメイン（Ｄ２）を、決定後すぐに実行する場合もあります。
　２番目に実行する候補ドメインは、順番待ちという考え方ではなく、

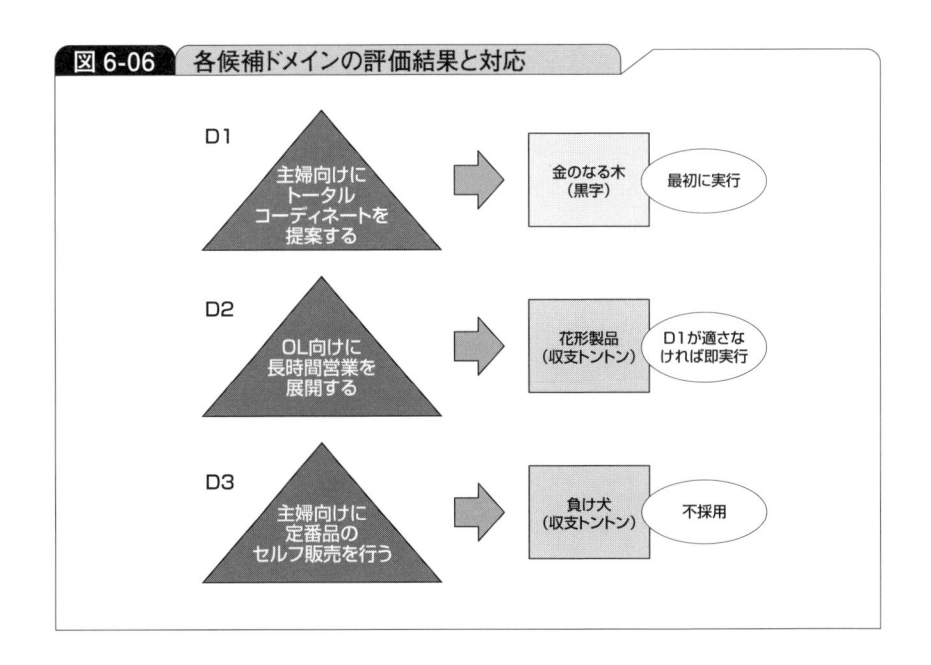

図6-06　各候補ドメインの評価結果と対応

候補	内容	評価	対応
D1	主婦向けにトータルコーディネートを提案する	金のなる木（黒字）	最初に実行
D2	OL向けに長時間営業を展開する	花形製品（収支トントン）	D1が適さなければ即実行
D3	主婦向けに定番品のセルフ販売を行う	負け犬（収支トントン）	不採用

1番目のドメインが環境に適さなかった場合には、すぐに対応できるように考えておく必要があります。

このような対応策を含めた考え方を、コンティンジェンシー・プランといいます。

コンティンジェンシー・プランは、「不測事態対応計画・適応計画」ともいいます。オイルショック以降、注目を集めている経営計画策定技法です。

急激な経済環境の変化など、不測の事態に対応するために、事前に準備しておく複数の対策計画がコンティンジェンシー・プランです。

発生する確率が比較的高く、発生したら業績に大きな影響を持つ不測事態をあらかじめ想定し、実際に発生したらどのように対応するかを考えることで状況変化に素早く対応し、業績への影響を少なくし、業績計画を維持しようとするものです。

コンティンジェンシー・プランは、

①不測事態の把握
②行動開始時期（トリガー・ポイント）の設定
③対応策の作成

で構成されます。

不測事態には、急激な原材料価格の高騰、政変、急激な為替相場の変動、顧客動向の急激な変化など、マクロの問題と個別企業にとって重要なミクロの問題があります。

不測の事態が発生したら、迅速な対応により、損害の極小化を図らなければなりません。

特に近年は、先端技術の急速な展開や経済のグローバル化など、これまでとは異質な大きな環境変化が起こっています。
　そのため、予測や分析が困難な要因が計画の策定に強く影響するようになりました。
　もし不測の事態で1番目の候補ドメインが環境に適さなくなってしまったら、業績に大きな悪影響をもらたすこともあり得ます。
　例えば、図6-06のドメインＤ1で進めていたら、競合店の立地により、商店街に来街する層に変化が起こるかもしれません。また、顧客の反応が予想と乖離するかもしれません。
　こうしたさまざまな事態を予想しながら、大きな損失を回避し、利益を確保していくために、コンティンジェンシー・プランの準備が欠かせないのです。

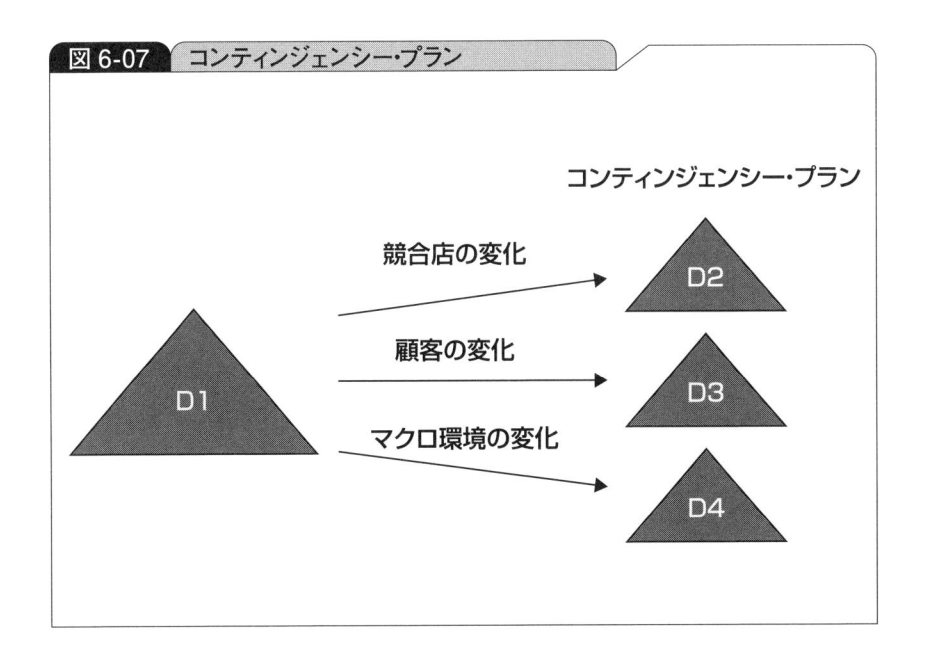

図 6-07　コンティンジェンシー・プラン

section 6　採用するドメインの判断

ドメインの再修正

　候補ドメインが決定したら、その他の候補ドメインの構築を担当していたグループも交え、実行すべきドメインについて修正箇所はないかどうか、再度検討すると良いでしょう。

　別のグループの視点から考えると、見えなかった部分も見えてきます。例えばドメイン②が採用になったとして、標的顧客のうち、独身ＯＬを削除して、ＤＩＮＫＳの主婦にターゲットを絞るというような修正です。

　先ほど紹介したとおり、決定したドメインに基づき、戦略的マーケティングを成功させるためには、採用されなかったグループの協力が不可欠です。

　決定したドメインについて、すべてのグループのメンバー（全従業員）が納得することで、採用されたドメインに基づいて課題の克服に努めてくれます。そのために、すべてのメンバーを巻き込んだ修正をします。

　高名な経営学者であるバーナードは、組織には必ず３要素が必要であるといっています。ひとつめは貢献意欲（協働意志）であり、２つめは目的（共通目的）、３つめは伝達（コミュニケーション）です。ＤＲＥＡによりつくられたドメインチャートは、共通目的といえます。そして貢献意欲とコミュニケーションを忘れないことが留意点となります。

　修正の際には、グループの集合体である組織全体でコミュニケーションをとり、相互に矛盾点などの意見を取り入れることで、採用された候補ドメインを共通目的にして、組織全体の実行への貢献意欲を高めていきましょう。

図6-08 候補ドメインの修正

Z店のゲシュタルト分析③

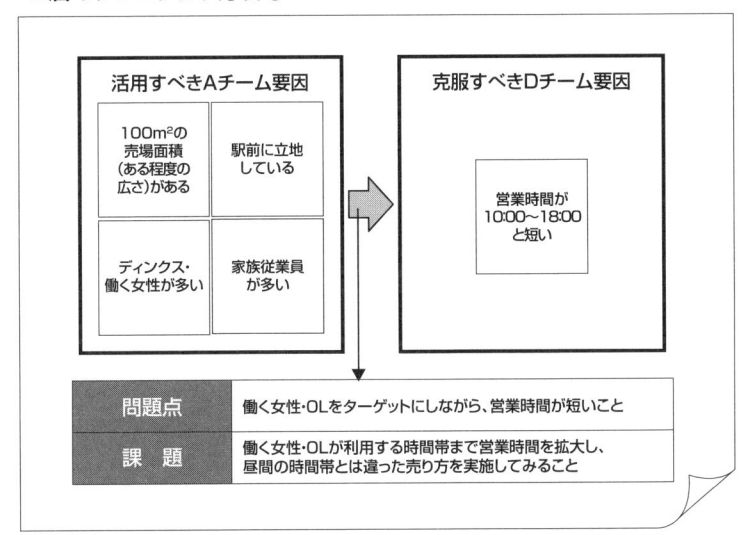

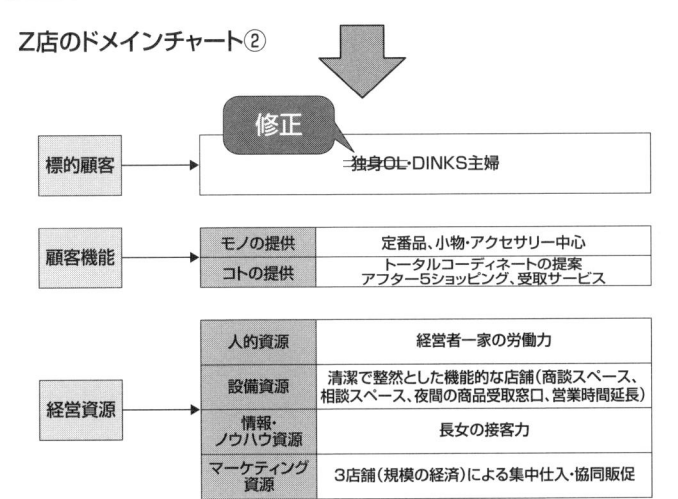

活用すべきAチーム要因
- 100m²の売場面積（ある程度の広さ）がある
- 駅前に立地している
- ディンクス・働く女性が多い
- 家族従業員が多い

克服すべきDチーム要因
- 営業時間が10:00～18:00と短い

問題点	働く女性・OLをターゲットにしながら、営業時間が短いこと
課題	働く女性・OLが利用する時間帯まで営業時間を拡大し、昼間の時間帯とは違った売り方を実施してみること

Z店のドメインチャート②

			修正
標的顧客			~~独身OL~~・DINKS主婦
顧客機能	モノの提供		定番品、小物・アクセサリー中心
	コトの提供		トータルコーディネートの提案 アフター5ショッピング、受取サービス
経営資源	人的資源		経営者一家の労働力
	設備資源		清潔で整然とした機能的な店舗（商談スペース、相談スペース、夜間の商品受取窓口、営業時間延長）
	情報・ノウハウ資源		長女の接客力
	マーケティング資源		3店舗（規模の経済）による集中仕入・協同販促

PART 6　採用するドメインの判断

section 7　採用するドメインの判断
バランス・スコアカードによる実行

(1) バランス・スコアカードの目的
　バランス・スコアカードとは、ハーバード・ビジネススクールのロバート・キャプラン教授らによって発表された業績評価システムです。

　バランス・スコアカードは、企業のビジョンと戦略を明確にして、経営トップだけでなく、従業員にまで浸透させます。

　下の (2) に示す4つの視点から戦略目標を達成するための戦略プログラムを作成・実行します。DREAで作成したドメインに基づく、戦略的マーケティングの実行に必要な考え方です。

(2) バランス・スコアカードの4つの視点
　バランス・スコアカードには、
①財務の視点
②顧客の視点
③業務プロセスの視点
④学習と成長の視点、
という4つの視点があります。

　企業が戦略を実行する際には、視点ごとに、目標、業績評価指標、ターゲット、具体的プログラム等を設定します。

(3) バランス・スコアカードのシナリオ
　バランス・スコアカードによる経営は、以下のような帰納的なシナリオに基づいて策定されます。

図 6-09　バランス・スコアカードの概念①

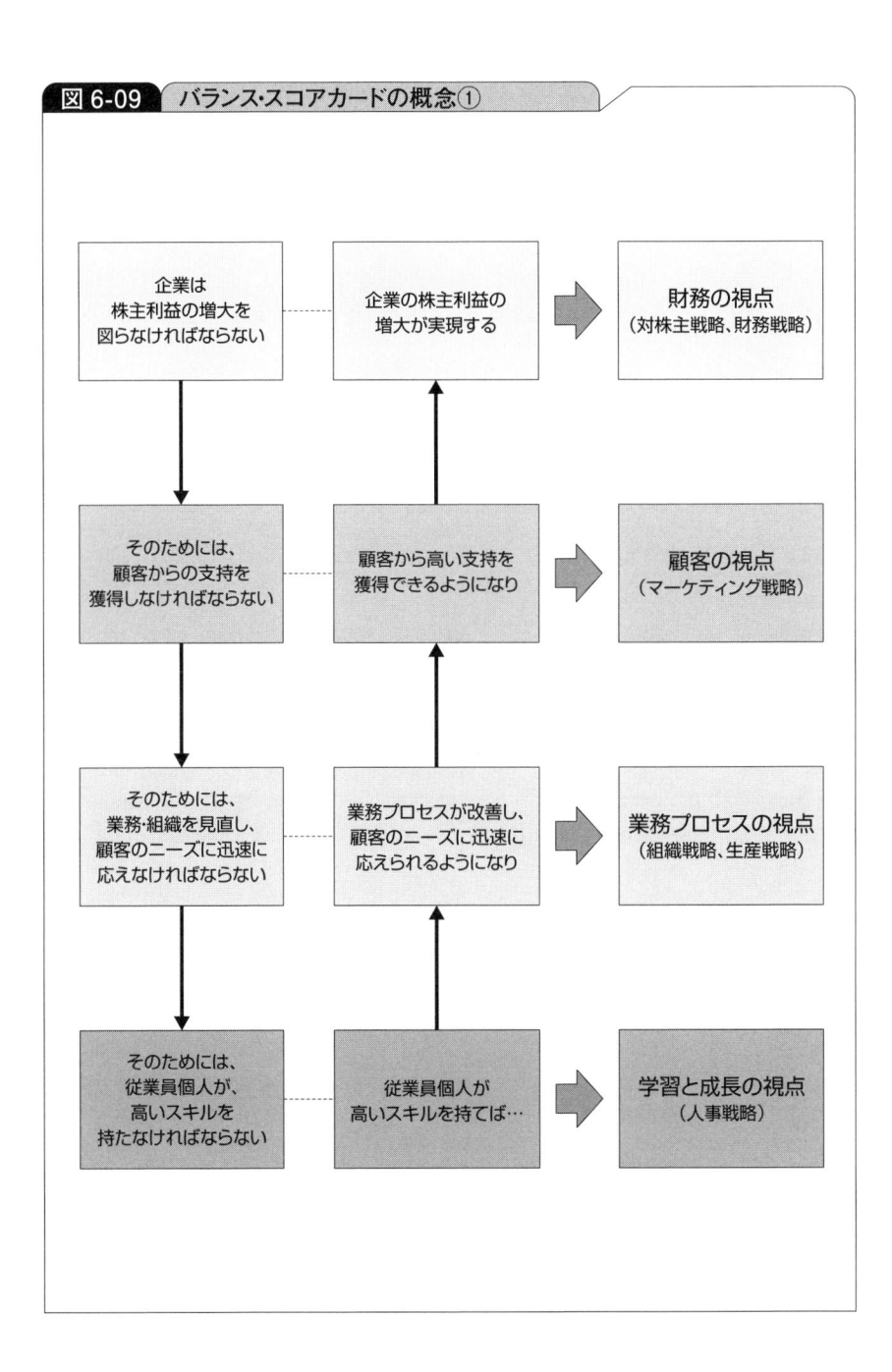

```
企業は                    企業の株主利益の              財務の視点
株主利益の増大を    ……→   増大が実現する      →     （対株主戦略、財務戦略）
図らなければならない
      │                      ↑
      ↓                      │
そのためには、              顧客から高い支持を           顧客の視点
顧客からの支持を    ……→   獲得できるようになり   →   （マーケティング戦略）
獲得しなければならない
      │                      ↑
      ↓                      │
そのためには、              業務プロセスが改善し、       業務プロセスの視点
業務・組織を見直し、 ……→  顧客のニーズに迅速に   →   （組織戦略、生産戦略）
顧客のニーズに迅速に        応えられるようになり
応えなければならない
      │                      ↑
      ↓                      │
そのためには、              従業員個人が                 学習と成長の視点
従業員個人が        ……→   高いスキルを持てば…    →   （人事戦略）
高いスキルを
持たなければならない
```

PART 6　採用するドメインの判断

- 企業は株主利益の増大を図らなければならない
- そのためには、顧客からの支持を獲得しなければならない
- そのためには、業務・組織を見直し、顧客のニーズに迅速に応えなければならない
- そのためには、従業員個人が、高いスキルを持たなければならない

　4つの視点は有機的に結合し、戦略的視点として統合されていことが特徴です。

図 6-10　バランス・スコアカードの概念②

視点	戦略目標(例)	評価指標(例)	具体策(例)
財務	収益拡大 売上増大 株価向上 利益率向上	株価 ROE・ROI CF、EVA	遊休投資の圧縮 ディスクロージャー 説明会の実施
顧客	ブランドの普及 信頼性の向上 顧客満足度(CS)の向上 顧客との関係性構築	市場シェア クレーム発生率 継続購入率 マインド・シェア	POS・EOSの導入 顧客サービスの向上 高付加価値商品の投入 差別化商品の投入
業務プロセス	新製品開発 品質の向上 経営効率の改善	新製品投入数 在庫数量 不良品発生率	製品改良、新用途開発 品質管理システムの導入 TQC、QC活動の強化
学習と成長	スキルの向上 ナレッジ・マネジメントの向上 企業風土の改善	教育訓練費 データ使用率 従業員からの企画・提案の数	社内研修制度の増強 グループウェアの導入 社内報の充実

出典：『バランス・スコアカード―新しい経営指標による企業変革』
ロバート・S・キャプラン、デビッド・P・ノートン著　吉川武男訳
（生産性出版）を基に作成

図 6-11　S社Z店のバランス・スコアカード

視点	戦略目標	評価指標	具体策
財務	利益増加	利益率	経費の見直し パート・アルバイトの要員計画の見直し 家賃交渉
顧客	顧客満足度の向上	顧客1人当たり購買単価 顧客1人当たり購買品目数	来店者アンケート 顧客への手紙 顧客別お奨め商品リストの作成
業務プロセス	顧客カードの活用	顧客カード利用率 顧客カード活用回数	顧客カード利用記録 顧客カードのIT化 顧客カード活用法の従業員への普及・浸透
学習と成長	パート・アルバイトの能力開発	研修会の実施回数・実施時間・参加人数の積	研修会の定期開催 社内資格制度の発足 従業員提案制度の導入

- section 1　DREAの全体像
- section 2　SWOT分析
- section 3　ドメイン論
- section 4　再定義したドメインが進展しない理由
- section 5　多角化戦略
- section 6　経営資源
- section 7　PPM
- section 8　VRIO分析
- section 9　VRIO分析演習
- section 10　5つの競争要因

PART 7

DREAの理解をさらに深めるための戦略知識

DREAと関連がある
経営戦略やマーケティングの
理論について理解する

section 1　DREAの理解をさらに深めるための戦略知識

DREAの全体像

　今まで紹介してきたDREAの全体像と戦略理論との関連をまとめると、図7-01のとおりになります。
①事業理念の確認
　企業経営の根幹であり、経営者の意思や、長年培ってきた企業の事業理念と一貫性を持ったドメインを再定義するために、不可欠な情報です。
②AD分析
　SWOT分析から、内部・外部の概念を取り払った、DREAにおける環境分析法です。新しい切り口を入れる重畳的AD分析で、グループの発想の促進ができることも確認しました。
③ゲシュタルト分析
　Aチーム要因を使って、Dチーム要因を克服する組み合わせをつくっていきます。
④問題点の集約から、課題の抽出
　Dチーム要因は、根本的な問題から派生している場合があります。複数のDチーム要因を、根本の問題点に集約します。また、問題点の解決方法を考え、企業の課題とします。
⑤ドメインの再定義
　3〜5年後、課題を克服した企業の将来像を、ドメインチャートの「標的顧客」「顧客機能（モノ・コト）」「経営資源」にまとめます。

　これらは図7-01のように、さまざまな理論が密接につながっているため、それぞれの理論の理解度を向上させると、DREAによるドメイン

図 7-01　DREAの全体像

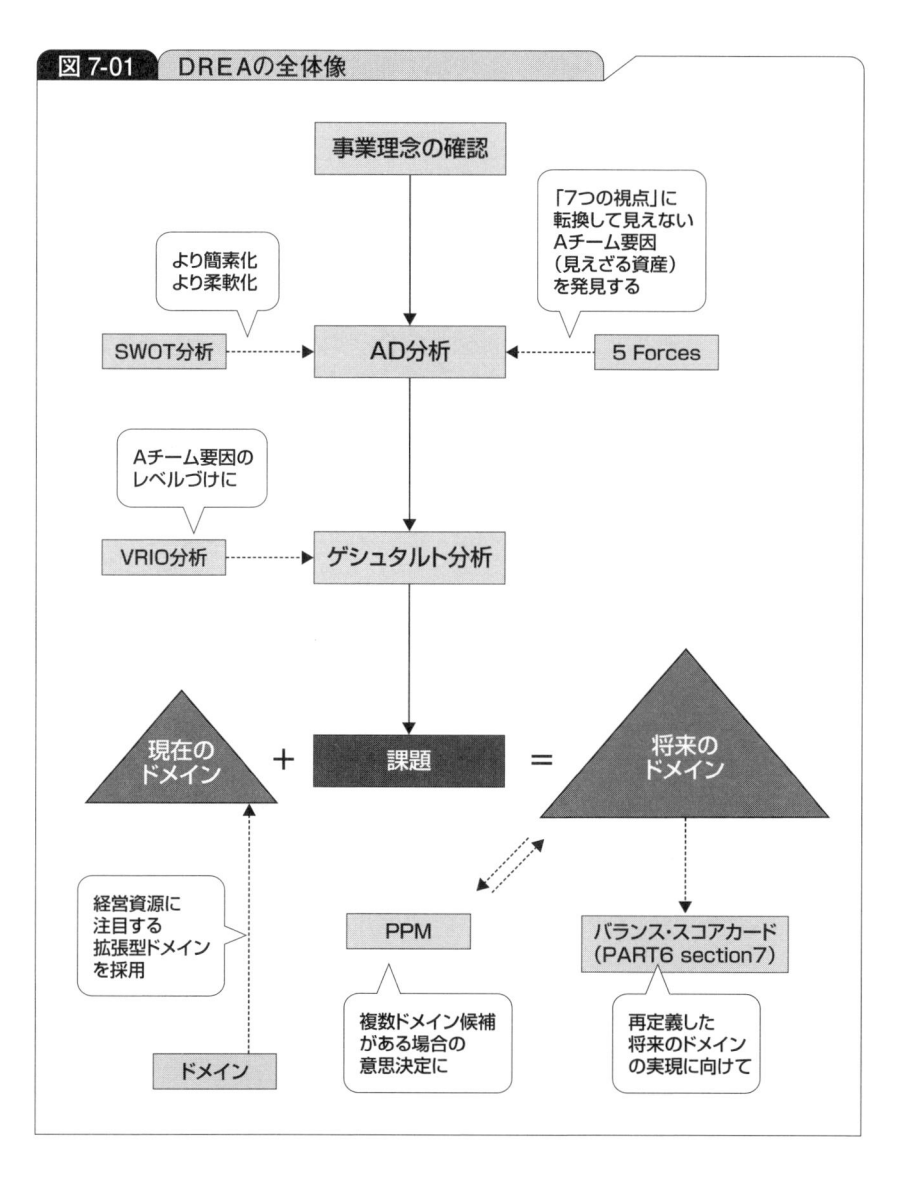

```
                         事業理念の確認
                              │
                              ▼
   より簡素化                              「7つの視点」に
   より柔軟化                              転換して見えない
                                        Aチーム要因
                                        （見えざる資産）
                                        を発見する
   SWOT分析 ┄┄▶ AD分析 ◀┄┄ 5 Forces
                              │
   Aチーム要因の                │
   レベルづけに                  │
                              ▼
   VRIO分析 ┄┄▶ ゲシュタルト分析
                              │
                              ▼
   現在の      +    課題    =    将来の
   ドメイン                        ドメイン

   経営資源に
   注目する              PPM         バランス・スコアカード
   拡張型ドメイン                    （PART6 section7）
   を採用
                    複数ドメイン候補   再定義した
   ドメイン          がある場合の     将来のドメイン
                    意思決定に       の実現に向けて
```

の再構築の精度が向上します。

　この章では、DREAに関連する戦略理論を演習を交えて紹介します。

section 2　DREAの理解をさらに深めるための戦略知識

SWOT分析

　SWOT分析は、1960年代にスタンフォード研究所（SRI）のハンフリーらにより、企業の長期計画の失敗理由を研究する中で考案された、外部環境・内部環境の分析手法です。

　企業活動のよし悪しを明示する仕組みとして、同じハンフリーらによってSOFT分析という方法が考案されましたが（「F」は失敗要因を表すFaultの意味）、後にFがWに改められ、現在のSWOT分析に発展しました。

　SWOTは以下の4つの要素の頭文字を取っています。4つの象限に分類して、情報の収集、整理を行います。

①強み

　強み（Strengths）とは、目標達成に貢献する組織（個人）の特質（内部環境の特質）です。

②弱み

　弱み（Weaknesses）とは、目標達成に障害となる組織（個人）の特質（内部環境の特質）です。

③機会

　機会（Opportunities）とは、目標達成に貢献する外部環境の特質です。

④脅威

　脅威（Threats）とは、目標達成に障害となる外部環境の特質です。

　収集された情報の中で、「強み」は環境にある「機会」の開拓、「弱み」の克服、「脅威」の回避のための重要な要因です。「弱み」は戦略の失敗をさけるためにも、克服すべき要因となります。

図7-02　SWOT分析のマトリックス

	プラス要因	マイナス要因
内部環境	ゾーン① **強み** (Strengths) 【例】直営店を持っている	ゾーン③ **弱み** (Weaknesses) 【例】従業員のモラールの低下
外部環境	ゾーン② **機会** (Opportunities) 【例】商圏内の人口増加	ゾーン④ **脅威** (Threats) 【例】他社の新店舗完成

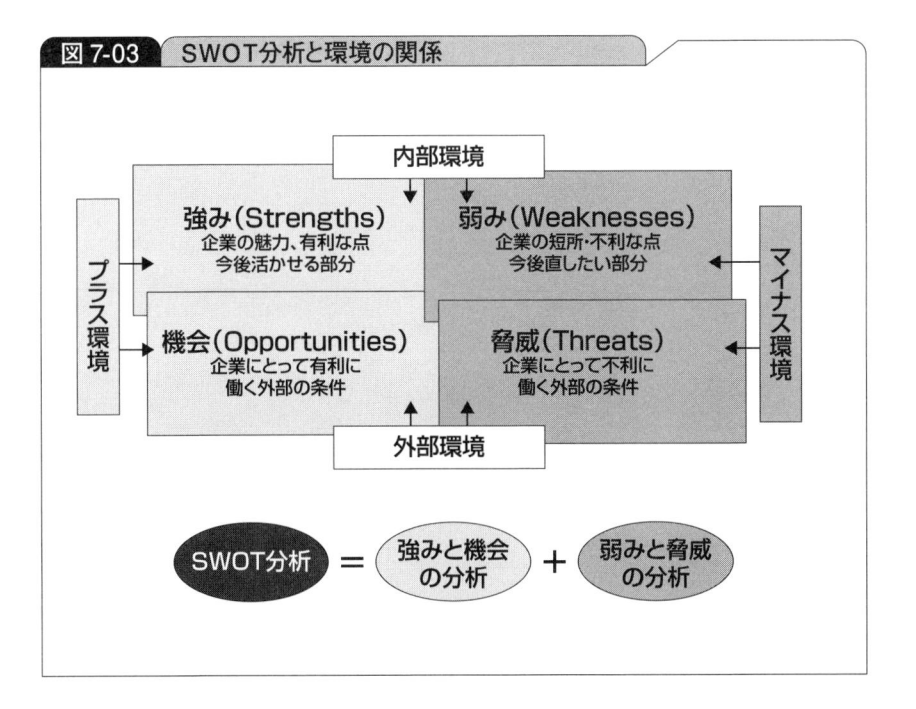

図7-03　SWOT分析と環境の関係

内部環境

- 強み(Strengths)　企業の魅力、有利な点　今後活かせる部分
- 弱み(Weaknesses)　企業の短所・不利な点　今後直したい部分
- 機会(Opportunities)　企業にとって有利に働く外部の条件
- 脅威(Threats)　企業にとって不利に働く外部の条件

プラス環境　／　マイナス環境　／　外部環境

SWOT分析 ＝ 強みと機会の分析 ＋ 弱みと脅威の分析

section 3　DREAの理解をさらに深めるための戦略知識

ドメイン論

(1) エイベルのドメイン理論

　ドメインとは、企業の経営理念や経営目標を達成するために必要な、自社が生存していくべき事業領域のことであり、経営戦略の中核をなす概念です。ドメインの定義は、自社の事業領域を特定化することです。

　1980年にドメインを提唱した経営学者のエイベルは、ドメインは次の3つの要素からなるとしています。

①自社のターゲットとすべき「標的顧客」（C：Customer）
②標的顧客が何を求めているのかという「顧客機能」（F：Function）
③顧客ニーズを満足させるために、自社がどのような経営資源の強みで対応できるかという「独自技術」（T：Technique）

　標的顧客とは、同一性に基づいてグループ化された顧客層であり、顧

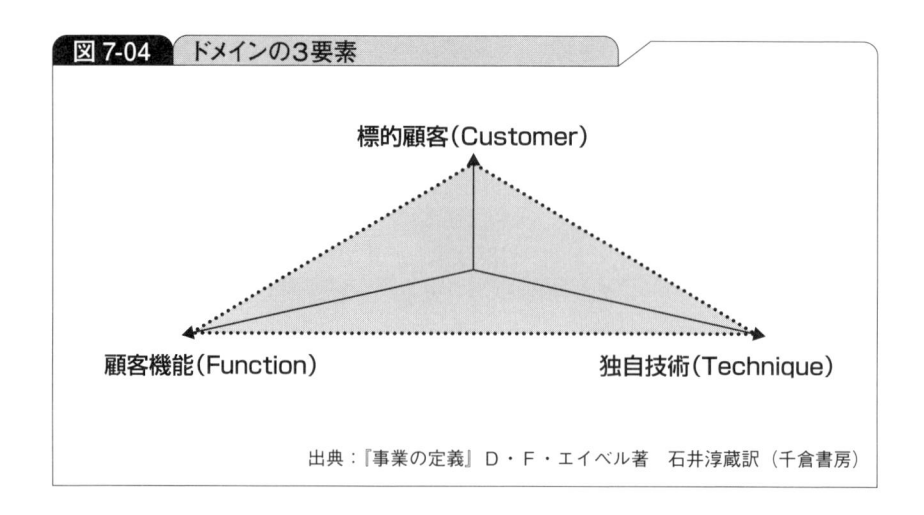

図7-04　ドメインの3要素

標的顧客(Customer)

顧客機能(Function)　　　独自技術(Technique)

出典:『事業の定義』D・F・エイベル著　石井淳蔵訳（千倉書房）

客機能とは、製品やサービスが満たすべき顧客ニーズであり、独自技術は、企業の持つ強みや利用できる経営資源のことです。

ドメインは、経営環境の変化により、随時、見直し（再定義）が必要になります。ドメインの再定義とは、経営理念の実現、経営目標の達成のために、将来に向かって現在のドメインを変更することです。

(2) 企業ドメインと事業ドメイン

大企業では、企業のドメインに複数の事業が含まれているのが普通です。この場合、包括的な企業ドメインとは別に、より具体的な事業別のドメインの定義が必要になります。このような個別事業に関するドメインを、企業ドメインと区別するために事業ドメインと呼びます。

事業ドメインの定義の次元も企業ドメインと同様、標的顧客、顧客機能、独自技術の3つの要素で規定されますが、規定のしかたは企業ドメインよりも具体的な形でなされます。そして事業ドメインの定義が、事業戦略（競争戦略）の基礎を構成します。

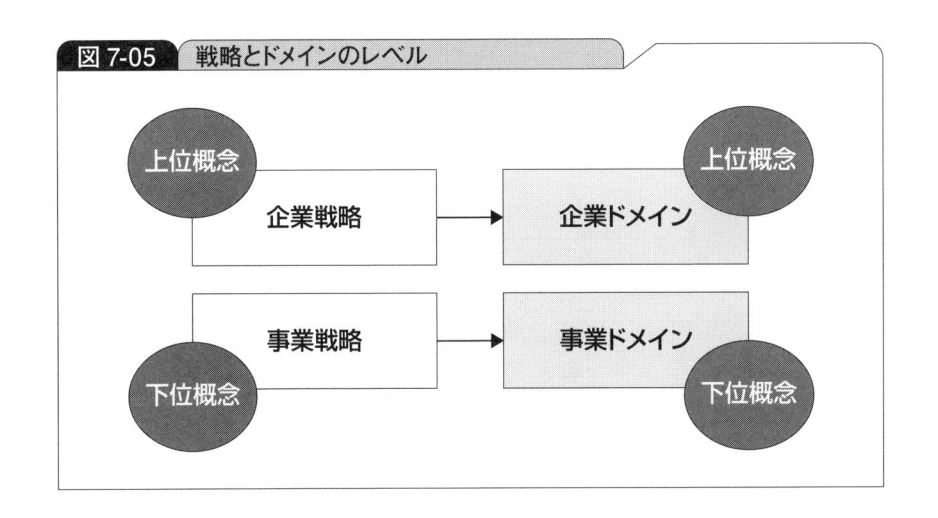

図 7-05　戦略とドメインのレベル

| 上位概念 | 企業戦略 | → | 企業ドメイン | 上位概念 |
| 下位概念 | 事業戦略 | → | 事業ドメイン | 下位概念 |

section 4　DREAの理解をさらに深めるための戦略知識

再定義したドメインが進展しない理由

　企業は戦略的適応を図るために、既存のドメインを見直し、それを再定義することが重要ですが、再定義されたドメインで、事業がうまく進展しないことがしばしば見られます。これは次のような理由によるものです。

(1) 再構築までの時間的問題

　既存の事業の仕組みを再構築するには、時間がかかります。経営方針の変更や、従業員の同意・協力、業務フローの再編成等が必要となり、時間と労力がかかることが多くあります。また事業の仕組みは、ドメインの中では、独自技術に関連します。

　事業の仕組みの再構築に時間がかかりすぎると、競合他社の出現や環境がさらに変化し、すでに技術が独自のものでなくなる、などの問題も発生します。

　ドメインの再構築には、時間に対する意識を持つことが重要です。

(2) 魅力の減少

　再定義されたドメインが、以前のものほど魅力的でないことも、ドメインが進展しない理由のひとつです。

　ドメインの再定義とは、標的顧客、顧客機能、独自技術のそれぞれの要素に、「広がり」と「差別化」をどのように規定するかを考えることです。

　ドメインを再定義するときは、既存のドメインの内容を土台として、

抽出された課題を克服した将来像を組み立てます。「広がり」とは、標的顧客であれば、30～40代の女性の標的顧客を、20～40代の女性へと拡大することも「広がり」の一例です。「差別化」の場合、標的顧客を40代に集中するという戦略も考えることができます。顧客機能や経営資源についても「広がり」「差別化」を規定して、ドメインは再定義されます。

このように、再定義されたドメインの基礎は既存のドメインであるため、ドメインを再定義しても、すでに標的顧客に認知されているドメインとあまり代わり映えしないドメインになってしまうこともあります。また再定義したドメインの内容によっては、以前ほど魅力的なドメインでなくなることもあります。ドメインに魅力がなければ、顧客もついてこないし、顧客がついてこないとわかれば、従業員も実行しません。

(3) 顧客の理解不足

ドメインの再定義に伴う事業活動の変更について、顧客の理解を得るのが難しいことがあります。

ドメインは通常、3～5年先のあるべき企業像を定義します。そのため、現在のドメインに慣れ親しんだ顧客の理解を得るのが困難なケースも出てきます。

ドメインの再定義には、新規顧客の獲得を考えるだけではなく、既存顧客の反応も考慮する必要があります。

(4) 従業員の抵抗

ドメインの再定義においては、慣れ親しんだ仕事の仕組みを変更するのですから、従業員の抵抗が起こる場合もあります。そのため従業員に対して説明を十分に行い、理解を得る必要があります。

section 5　DREAの理解をさらに深めるための戦略知識

多角化戦略

　多角化戦略とは、図7-06にあるように、新市場に新製品を投入する戦略です。多角化は有効な成長戦略です。次の2つの条件を満たせば、多角化戦略は経済的価値を持ちます。
　第1は、事業間に何らかの範囲の経済が存在していることです。
　第2は、その範囲の経済を実現し、維持していく上で、企業内に複数の事業を保有する形態のほうが、その他の統治形態（他社との提携など）よりも低コストですむことです。
　範囲の経済とは、それぞれ単一の製品を別々の事業で生産、販売する場合の総費用の合計よりも、同時に生産、販売したときのほうが総費用が少なく効率が良い状態のことです。
　戦略を持たない多角化は企業の収益を悪化させますが、上記の2つの条件を満たす多角化は、企業の収益を改善します。
　多角化戦略と成長性、収益性の関係は、産業構造や国民経済の状態などに左右されるものの、基本的には多角化の程度が増すにつれて、成長性はほぼ直線的に増大しますが、収益性は中程度の多角化でピークに達した後、低下します。
　つまり、ある一定の多角化度を超えると、成長性と収益性の間にトレード・オフの関係が見られるようになるのです。
　多角化をする場合には、2つの条件にあるように、事業間に関連があり、相乗効果が見込める多角化であれば、成長性、収益性とも増大するといえます。

(1) アンゾフによる多角化戦略の分類

戦略経営論の創始者である、アメリカの経営学者イゴール・アンゾフは、製品と市場の2軸から成長戦略を4つに分類した「製品・市場マトリックス」を提唱しました（16ページ図1-03）。

このマトリックスにある4つの象限は、市場浸透戦略、新市場開拓戦略、新製品開発戦略、多角化戦略で構成されています。

このうち多角化戦略については、多角化を行う方向や既存事業との関

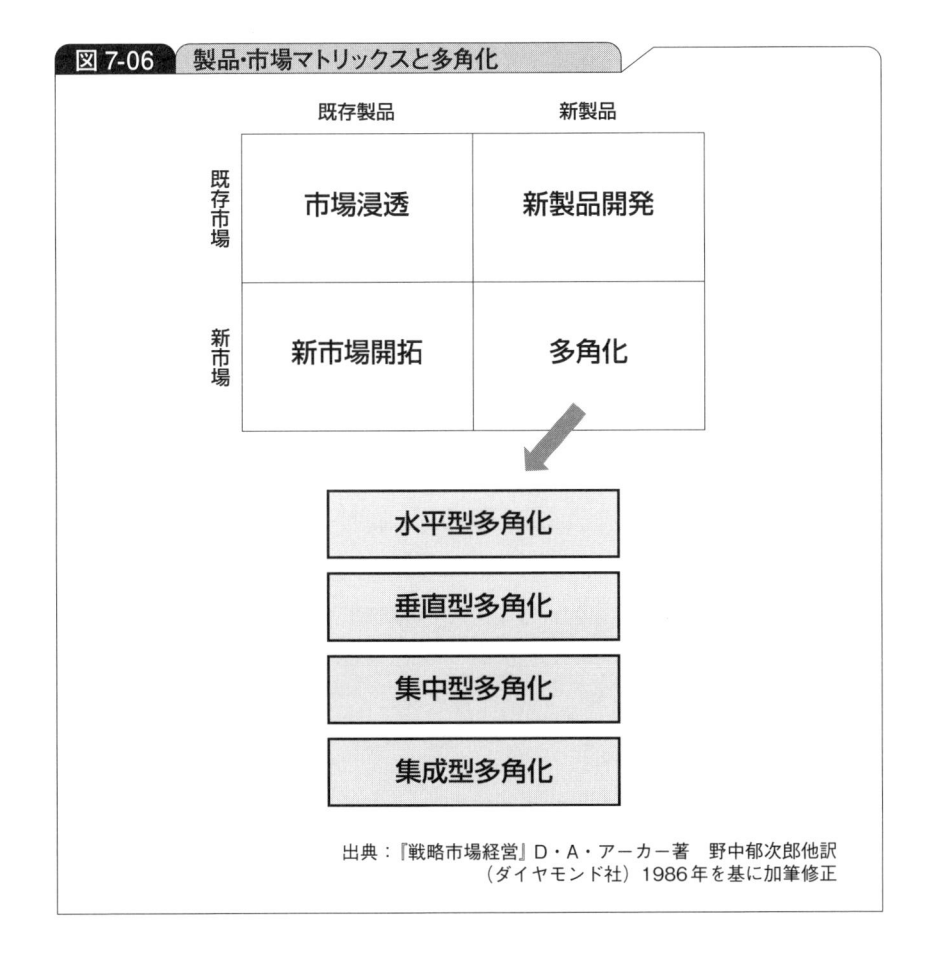

図 7-06　製品・市場マトリックスと多角化

	既存製品	新製品
既存市場	市場浸透	新製品開発
新市場	新市場開拓	多角化

- 水平型多角化
- 垂直型多角化
- 集中型多角化
- 集成型多角化

出典：『戦略市場経営』D・A・アーカー著　野中郁次郎他訳
　　　（ダイヤモンド社）1986年を基に加筆修正

連性の違いに応じて、さらに水平型多角化、垂直型多角化、集中型多角化、集成型多角化、の４つに分類されます。

(2) 水平型多角化
　水平型多角化とは、現在の顧客と同じタイプの顧客を対象にして、新しい製品を投入する多角化です。既存市場と近い市場の顧客を対象とするため、範囲の経済が実現する可能性が高くなります。

(3) 垂直型多角化
　垂直型多角化とは、現在の製品の川上や川下に対する多角化です。例えば、卸売業が生産機能を持って現在の製品の製造までを手掛ける場合、川上に対する多角化になります。一方、卸売業が現在扱っている製品を消費者に販売する小売店を経営する場合は、川下に対する多角化になります。川下への多角化を「前方的多角化」、川上への多角化を「後方的多角化」といいます。

(4) 集中型多角化
　集中型多角化とは、現在の製品の技術やマーケティングの、両方、またはいずれか一方に関連がある新製品を、新たな市場に投入する多角化です。ビールメーカーが、ビール酵母を使ったサプリメントの製造販売を行うことは、技術に関連があるため、集中型多角化といえます。

(5) 集成型多角化
　集成型多角化とは、コングロマリット型多角化ともいい、現在の製品と既存の市場の両方にほとんど関連がない中で、新製品を新しい市場に投入する多角化です。他の多角化と比較して、既存市場・製品との関連が一番低く、一番リスクが高いといえます。

(6) 多角化戦略の採用動機

企業が多角化戦略を採用する主な動機として、次の4つが挙げられます。

①主力製品の需要の停滞

主力製品のライフサイクルが成熟期に近づいたり、消費者ニーズの変化や代替品の出現、産業構造の変化などの大きな環境変化があった場合に、企業は生き残りのために、多角化を図ろうとします。新市場に新製品を投入することで、今までとは違うルートからのキャッシュの流入を図ります。

②収益の安定化

季節変動、流行、天候条件などで需要が著しく左右される企業は、多角化を図ろうとします。需要の変動は売上（利益）の変動になるため、1年間の売上の平準化を図るために、多角化を行います。

③リスクの分散

単一の製品のみに依存して収益を上げている企業は、技術革新や消費者ニーズの変化に対し、多角化を図ろうとします。

④余剰資源の有効利用

企業内に有形無形の経営資源が蓄積されていて、大きな収益の機会が見込まれると、多角化を図ろうとします。

section 6　DREAの理解をさらに深めるための戦略知識

経営資源

　経営資源とは、個々の企業が、その事業を遂行・展開し、目標を達成するのに必要な潜在的力を宿しているものの総称です。

　資本、物財、人材のみならず、能力、知識、情報、経験、ノウハウ、商標、信用などの総体であり、活力ある組織風土などを加えることもあります。これらの経営資源の有効な利用や組み合わせが、経営効率に大きな影響を与えます。

　ドメインチャートを作成する際にも、経営資源についてさまざまな切り口を入れながら、詳細に記載していきました。AD分析より、宝の持ち腐れとなっている未利用の経営資源や、より効率的に使えるであろう、非効率な利用がされている経営資源を確認し、将来のドメインを策定する際に、効率的な利用を考えました。

　企業戦略論で知られるアメリカの経営学者ジェイ・B・バーニーは、企業の経営資源をリソース・ベースト・ビュー（RBV）として、図7-07のように分類しています。

(1) リソース・ベースト・ビューとは

　リソース・ベースト・ビューとは、企業の強みと弱みを分析する経営資源に基づく企業観の総称です。

　具体的には、「特定の経営資源を活用することにより、企業は競争優位が獲得できる」と考え、さまざまな経営資源を分析する立場を指します。ＶＲＩＯ分析（150ページ）はその代表例です。

図 7-07　経営資源の種類

資源の種類	意味	具体例
財務資源	戦略を構想し、実行するうえで企業が利用できるさまざまな金銭的資源	自己資本、借入金、信用力、担保となる資産
物的資源	戦略を構想し、実行するうえで企業が利用できる物理的資源	工場・設備・機械・立地、取引先との距離
人的資源	戦略を構想し、実行するうえで企業が利用できる、個々のマネジャーや従業員が保持する資源	研究者、販売員、経営者、フロー型人材、あるいは各個人が持つ経験・判断・知性等
組織資源	戦略を構想し、実行するうえで企業が利用できる、人的資源の集合体としての組織が持つ資源	組織構造、組織文化、組織内のルール、標準化されたマニュアル、非公式組織の活動、各種データベース

出典:『企業戦略論【上】基本編　競争優位の構築と持続』ジェイ・B・バーニー著　岡田正大訳（ダイヤモンド社）を基に作成

(2) リソース・ベースト・ビューの特徴

リソース・ベースト・ビューには、次のような特徴があります。

・企業ごとに異質で、複製に多額の費用がかかるリソース（経営資源）に着目する
・外部環境（機会・脅威）よりも内部環境（強み・弱み）を重視する

section 7　DREAの理解をさらに深めるための戦略知識

PPM

(1) PPMとは

BCG（ボストン・コンサルティング・グループ）が開発したPPM（Product Portfolio Management）は、PART6で言及したとおり、自社の製品・事業を「市場成長率」「相対的市場占有率」という2つの評価尺度を用いることで、4つのセルに分類し、企業全体として「バランスのとれた収益の獲得と成長の実現を狙う」戦略策定手法です。

これは自社の経営資源配分の手法であり、多角化が進展したアメリカで複数の事業の合理的な管理手法として誕生しました。

(2) PPMの理論的背景

PPMは製品ライフサイクル理論と経験曲線効果の2つの理論を前提

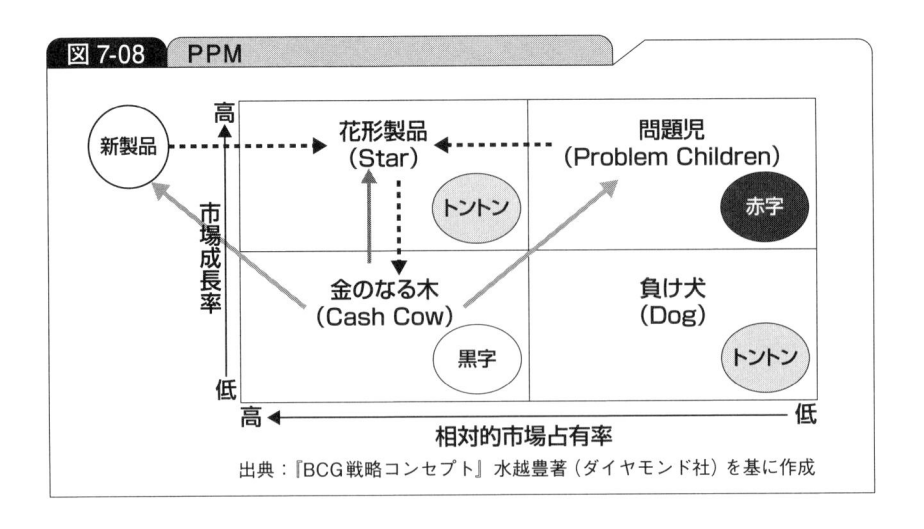

図7-08　PPM

出典：『BCG戦略コンセプト』水越豊著（ダイヤモンド社）を基に作成

に構成されています。

PPMは、製品ライフサイクル理論を前提にした市場成長率と、経験曲線効果を前提にした相対的市場占有率の2つの尺度でマトリックスを形成しています。

①製品ライフサイクル

ある製品が市場に登場してからやがて消え去るまでに、その売上と利

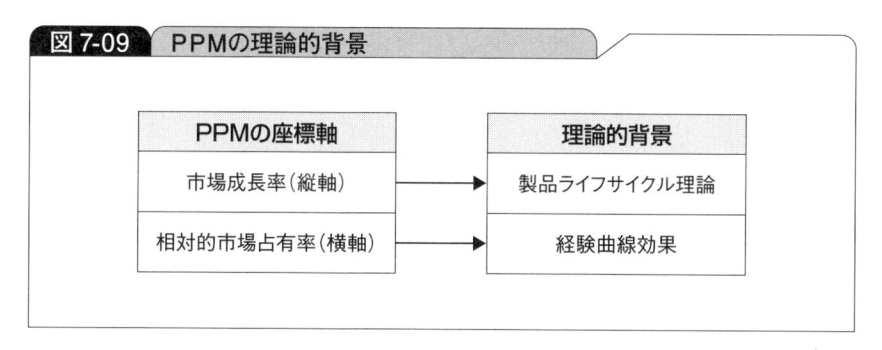

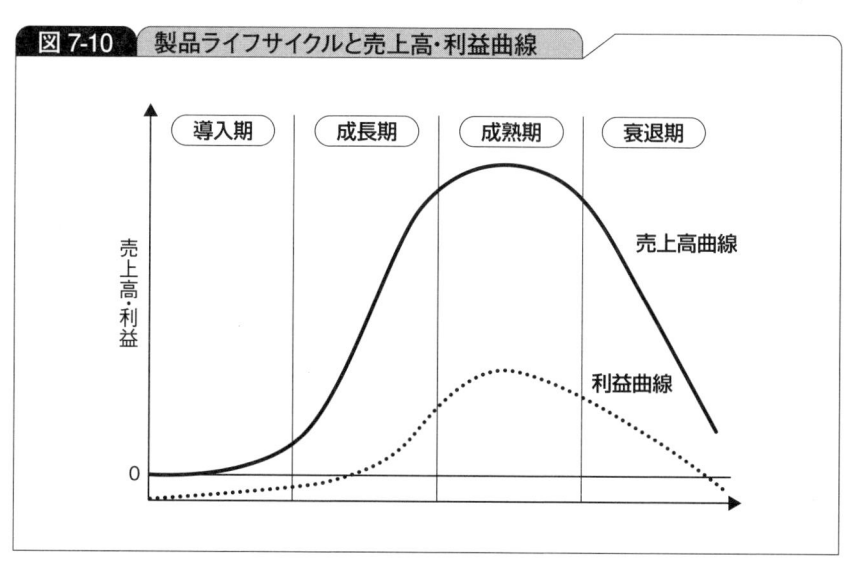

図7-09　PPMの理論的背景

PPMの座標軸	理論的背景
市場成長率(縦軸)	製品ライフサイクル理論
相対的市場占有率(横軸)	経験曲線効果

図7-10　製品ライフサイクルと売上高・利益曲線

導入期／成長期／成熟期／衰退期

売上高曲線
利益曲線

図 7-11　経験曲線

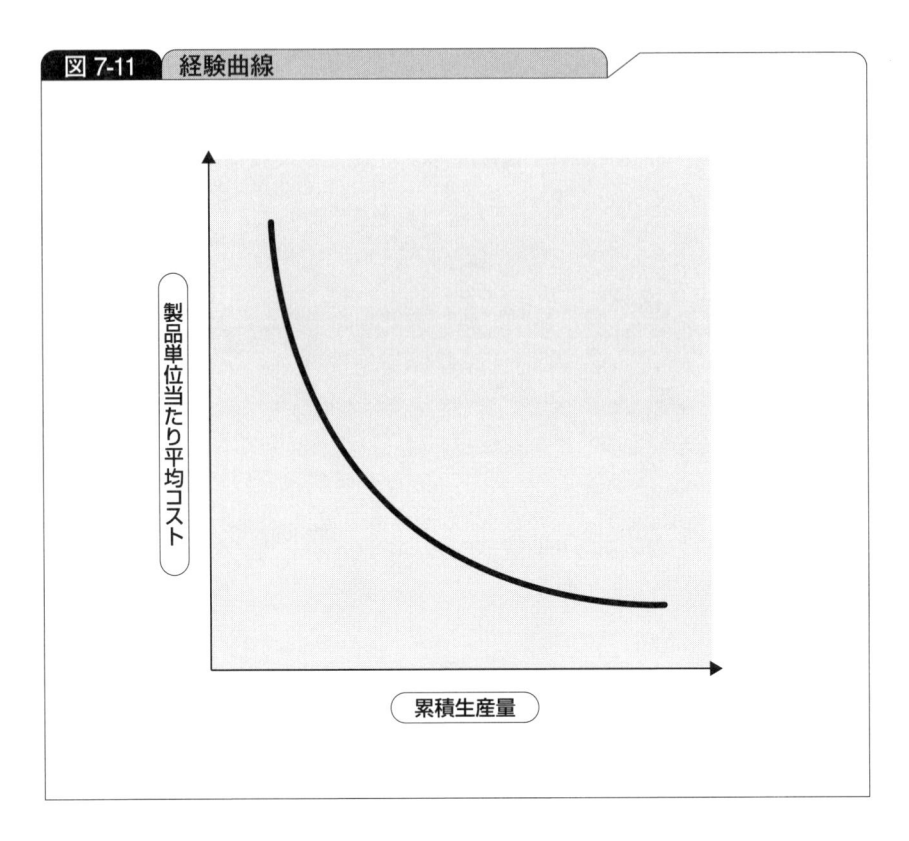

縦軸：製品単位当たり平均コスト
横軸：累積生産量

益がたどる変化の過程で、導入期・成長期・成熟期・衰退期の4段階から形成されます。これを製品ライフサイクル（プロダクト・ライフサイクル；PLC）といいます（図7-10）。PPMでは、製品ライフサイクルの4段階と市場成長率および資金需要を関係させています。

②経験曲線

　経験曲線とは、生産量の累積に伴い、コストが低下する様子を示す曲線です（図7-11）。縦軸にコスト、横軸に累積生産量を配したグラフでは、原点に対して凸形となります。

　経験の累積による、作業改善、生産工程・製品設計の改良などがコストの低下をもたらします。この効果を、経験曲線効果、経験効果といい

図7-12　PPMに基づく企業の対応例

	セル	対応例	解説
①	問題児	自社ではいくつか有力な製品の開発が進んでいるが、莫大な研究開発費がかかるので、有望分野を絞り込むために、これまでしたことのない方法であるが、営業部門の意見を聞くべく、開発担当者と第一線の営業所長との合同会議を開催する。	やみくもに投資を行うのではなく、「花形製品」へ成長する可能性のある分野に投資を絞るべきであり、顧客のニーズを探るために営業担当の意見を聞くことは有効である。
②	花形製品	自社の独創技術による新製品は業界トップを占めて急伸しているが、近々他社が類似製品を投入する予定であり、競争の激化が予想されるので、さらに投資を行って他社製品との差別化を図る。	さらなる成長のため、生産や研究開発への投資は継続して行うべきである。
③	金のなる木	自社製品が強い市場は売上が伸び悩んでいるが、一定の収益が得られているし、これまで投入した生産設備や販売網の投資を考えると撤退は難しいので、現有の製品の改良や販売方法の改善をすることにした。	必要最低限の投資を行い、現状を維持すべきである。製品の改良や販売方法の改善は、大きな投資を必要としないため行うべきである。
④	負け犬	成長力の乏しい不採算部門については、リストラの一環として他社へ売却することにしたが、存続部門と技術的に関連の深い熟練技能者や技術者については他の部門に配属することにした。	撤退を検討すべきである。ただし、撤退により他のセグメントの製品に悪影響を与えないように考慮すべきであり、存続部門と技術的に関連の深い技術者を他の部門に配属する方策は適切である。

ます。

したがって、競合企業より累積生産量を高めれば、コスト競争力が高まります。累積生産量を高めるためには、市場シェアを高めることが必要となります。相対的市場占有率を高めることは、経験曲線効果をもたらし、競争優位を確立するポイントとなります。

section 8　DREAの理解をさらに深めるための戦略知識

VRIO分析

(1) VRIO分析の定義

VRIOとは、経済価値（Value）、希少性（Rareness）、模倣可能性（Imitability）、組織（Organization）の頭文字を取ったものです。

VRIO分析とは、企業が従事する活動に関して発すべき4つの問いによって構成される、リソース・ベースト・ビュー志向の戦略分析フレームワークです。

VRIO分析は、SWOT分析の補完分析として、S（強み）の分析に用います。企業の持つさまざまな強みを4つの問いかけをすることでふるいにかけ、強みの優先順位を明らかにします。

図 7-13　VRIO分析の4つの問い

段階	名称	内容
V	経済性（Value）に関する問い	企業の保持する経営資源は、その企業が外部環境（脅威や機会）に対応することを可能とするか
R	希少性（Rareness）に関する問い	どのくらい多くの競争企業が、その特定の価値のある経営資源をすでに保持しているか
I	模倣困難性（Imitability/Difficult to Imitate）に関する問い	その経営資源を保持していない企業は、その経営資源を獲得あるいは開発するのに多大なコストを要するか
O	組織（Organization）に関する問い	企業が保持する価値があり、希少であり、模倣コストの大きな経営資源を、組織全体で使いこなせる仕組みがあるか

出典：『企業戦略論【上】基本編　競争優位の構築と持続』ジェイ・B・バーニー著　岡田正大訳（ダイヤモンド社）を基に作成

(2) 競争均衡の源泉

　企業の経営資源のうち、「経済性に関する問い」に「YES」と答えられるものが、「競争均衡の源泉となる強み」です（図7-15）。第1の問いである「経済的価値があるか？」について、企業の経営資源に経済的価値があると判断されるのは、以下の2点のいずれかの場合になります。

①当該企業がそれらの経営資源を保持していなかった場合と比較して、企業のコスト・支出が減少する

②当該企業がそれらの経営資源を保持していなかった場合と比較して、企業の収益・収入が増大する

　この2点のどちらにもあてはまらない場合は、企業に価値をもたらさないため、強みとはいえません。また、第2の問いである「希少性があるか？」について、経済的価値はあるが、希少ではない経営資源は、業界における競争均衡を創出しますが、競争優位の源泉にはなりません。競争均衡のもとでは、競争優位を獲得できる企業は存在しませんが、各企業は互いに標準的な経済パフォーマンスを獲得できます。

　当該経営資源を持たない企業は、競争劣位に陥り、低い経済パフォーマンスしか享受できないことになります。

〈競争均衡の源泉（例）〉

　ファクシミリは、ほぼすべての企業が保持している経営資源です。しかし、ファクシミリを持っていても、競争優位には立つことはできません。競争均衡をもたらすだけです。ファクシミリを持たない企業は、他の企業に競争優位を許すことになり、自社は競争劣位に陥ります。ファクシミリは、希少ではないが、経済的価値を伴う経営資源であるといえます。

(3) 一時的競争優位の源泉

　企業の経営資源のうち、「経済性に関する問い」「希少性に関する問い」の両方に「YES」と答えられるものが、「一時的競争優位の源泉となる強み」です。経済的価値があり、希少性があれば、当該経営資源は、少なくとも一次的競争優位の源泉になり得ます。

　しかし、一時的競争優位は、第3の問いである「模倣は困難か？」にNOであるため、競合他社の模倣戦略によって失われる短期的な優位です。

〈一時的競争優位の源泉（例）〉

　GUIの開発によってアップル・コンピュータは一時的競争優位を獲得しましたが、マイクロソフトの開発したウインドウズの登場により、その競争優位は長続きしませんでした。アップル・コンピュータにとってGUIは、一時的競争優位の源泉に過ぎなかったと見ることができます。

　また、保有する経営資源が、「希少」であっても、「価値」に結びついていなければ競争優位にはつながりにくくなります。保有する経営資源が希少であることは大事ですが、そのような経営資源は特殊であるため、顧客の価値と合致しないことが起こりやすくなるので、これだけでは競争優位につながるとはいえません。

(4) 持続的競争優位の源泉

　企業の経営資源のうち、「経済性に関する問い」「希少性に関する問い」「模倣困難性に関する問い」の3つに「YES」と答えられるものが、「持続的競争優位となる強み」です。

　ある経営資源を保有しない企業は、すでに保有している企業に比べて、

その複製が困難であると、コスト上の不利益を被りやすくなります。経済的価値があり、希少性があり、他社が容易に模倣できなければ、当該経営資源は、持続的競争優位の源泉になり得る、コア・コンピタンス(中核的能力)に該当する強みといえます。エイベルの提唱したドメインの3要因のひとつである独自技術(独自能力)とも近い概念です。

持続的競争優位は、競合他社の模倣戦略によっても失われることのない長期的な優位です。企業にとって、最も優先順位の高い重要な強みといえます。

競争優位の源泉である特殊な経営資源が、外部からの調達可能性が低く、その調達コストが高いほど、それを調達済みの企業はコスト上優位になり、競争優位性を長期的に維持できます。

模倣にかかるコストには、「独自の歴史的条件」と、「因果関係不明性」とがあります。

①独自の歴史的条件

企業が特定の経営資源を獲得・開発・活用できた能力は、その企業がいつどこに存在したかに依存している場合があります。そうした能力は、企業の歴史的経緯(独自の歴史的条件)に依存しているので、先行企業は持続的な競争優位を得やすいといえます。

> 〈独自の歴史的条件(例)〉
>
> 郵政公社(現・日本郵政)は、長らく国営事業として位置づけられてきました。同社は長い間、スケール・メリットの恩恵と国からのさまざまな援助(資金面・人材面・制度面・法律面等)を受けてきました。他社が郵政公社と同じ経営資源を持つためには、100年以上前に戻って国の事業としてスタートしなければなりません。現実には不可能であるといえます。

②因果関係不明性

　企業の競争優位と個々の経営資源の関係が不明確になるのは、内部者にとってその経営資源があまりに当然なものであったり、経営資源が個別に分離しにくく、一体となって競争優位をつくり出していたりするからです。

　企業の競争優位の源泉が、その企業にとって当然のことであったり、個別に分離しにくいものであると、企業が保持する競争優位と経営資源との関係が不明確になる場合があります。

(5) 組織としての強みの活用

　企業の競争優位は、当該企業の保持する経営資源の経済的価値、希少性、模倣困難性により決まります。しかし、競争優位を真に実現するには、当該企業がそれらの経営資源を十分に活用できるように組織化され

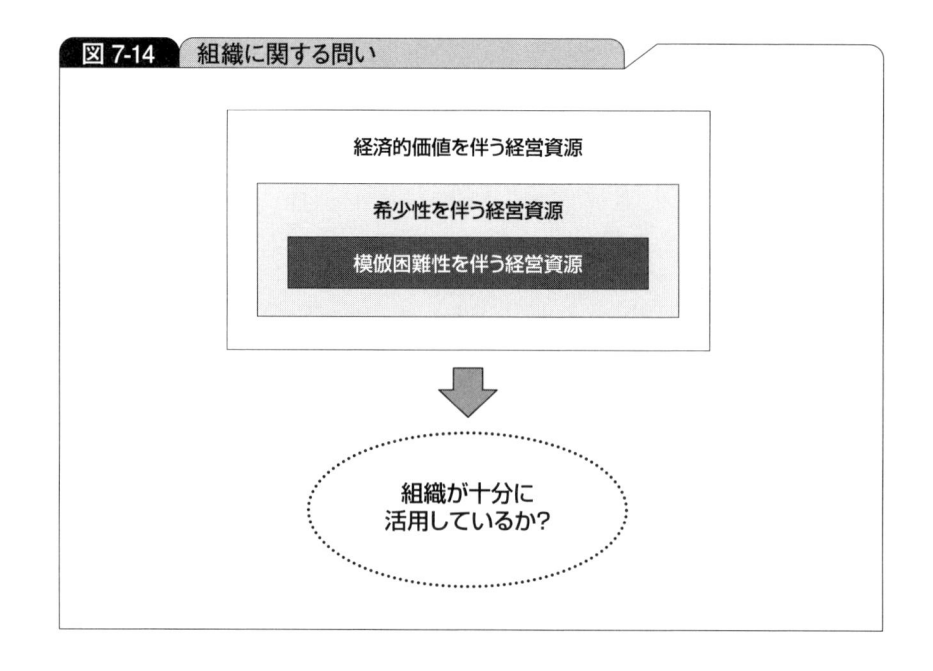

図 7-14　組織に関する問い

経済的価値を伴う経営資源
希少性を伴う経営資源
模倣困難性を伴う経営資源

↓

組織が十分に活用しているか？

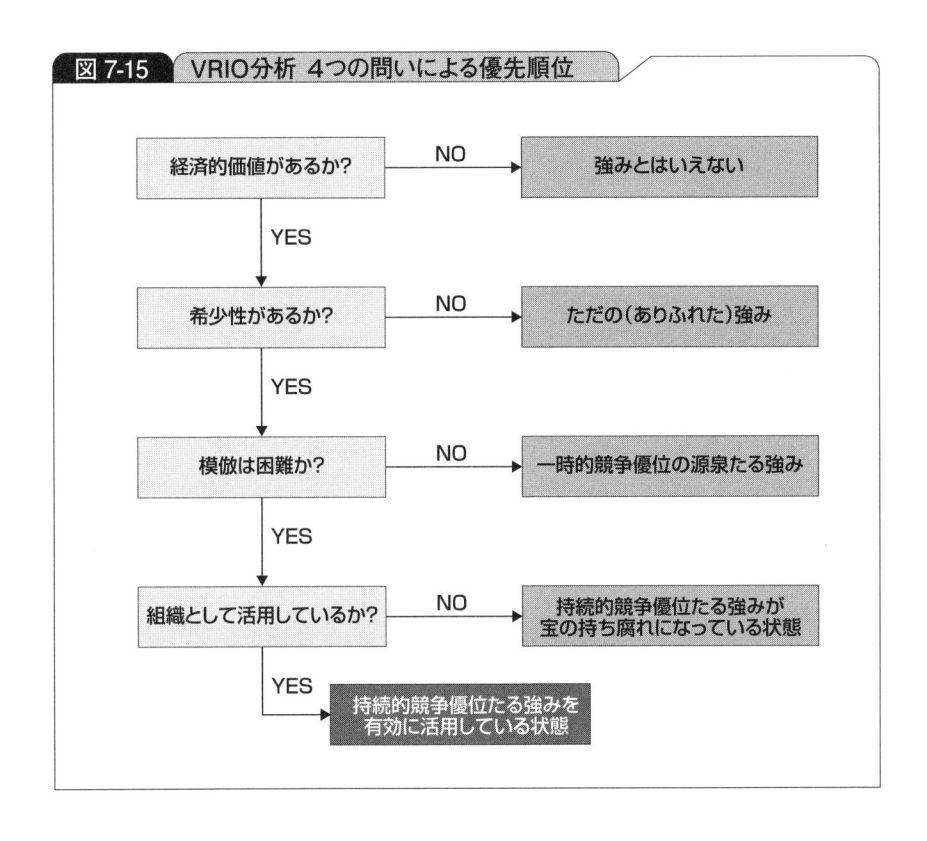

図 7-15　VRIO分析 4つの問いによる優先順位

```
経済的価値があるか？ ──NO──→ 強みとはいえない
       │YES
希少性があるか？ ──NO──→ ただの(ありふれた)強み
       │YES
模倣は困難か？ ──NO──→ 一時的競争優位の源泉たる強み
       │YES
組織として活用しているか？ ──NO──→ 持続的競争優位たる強みが宝の持ち腐れになっている状態
       │YES
持続的競争優位たる強みを有効に活用している状態
```

ていなければなりません。VRIO分析に「組織に関する問い」があるのはこのためといえます。

section 9　DREAの理解をさらに深めるための戦略知識

VRIO分析演習

このsectionでは、VRIO分析をマスターするために、ケーススタディに取り組んでみましょう。

次の事例を読み、VRIO分析表を完成させてみよう。

> 　B社は、X県の県庁所在地Y市のP商店街に本社を構え、文房具・事務用品および事務用機器の販売業を営んでいる。
> 　本社周辺には複数の大学・高校・小中学校があり、一帯は緑豊かな文教地区を形成している。
> 　本社1階は取扱商品の紹介を兼ねた店舗であり、2階は法人取引の営業部門兼倉庫である。
> 　B社は、1965年の創業以来この地に本拠を構え、現在の資本金は1,500万円、従業員は20名、昨年度の売上高は約10億円である。
> 　社長は創業以来、学校関係者の信頼を得て、着実に事業を拡大してきた。B社は、P商店街のイベントに文房具を提供するなど、地域振興に積極的に貢献してきた。
> 　社長は地域の名士として知られ、現在も学校や商店街の関係者からさまざまな相談を受けている。
> 　B社は、創業以来培ってきた地域との関係性をもとに、かつてはメーカーに強い影響力を持っていた。
> 　しかし文房具業界は、景気低迷による買控えや低価格志向、少子化による生徒・学生数の減少に加え、通信販売の普及やメーカー

の直販体制の強化により、価格競争が激化している。

　生活雑貨店、コンビニエンスストア、ディスカウントストアなどとの業態間競争も厳しさを増し、1990年代後半をピークに、B社の売上高は減少している。

　B社の売上の大半は、営業部門を通じた周辺の学校との取引である。営業部門は特別な努力をしなくても、長年の取引をもとに周辺の学校から定期的に文房具をまとめて受注できていた。しかし最近は、通信販売やメーカーのカタログ販売の利用が進み、学校との直接取引は減少している。

　一方、特注品の個別相談は、今でも営業部門に寄せられることが多くある。

　店舗は、地域の文房具・事務用品の専門店として顧客の需要に迅速に対応するため、学校用品から一般事務用品まで、多品種少量の総合的な品揃えを心がけてきた。

　特に小中学生向けの文房具・雑貨類の品揃えには注力しており、近隣の学校が推奨する文房具を取り揃えているため、親子連れの小学生や中学生の利用が多い。

　また学校関係者が相談に訪れることが多く、商品知識の豊富な店員がていねいに接客し、注文を営業部門に取り次いでいる。

　文房具の商品特性として、多品種かつ商品の改廃サイクルが短いことが挙げられる。B社の店舗でも多くの品種を扱っているが、手作業で商品管理を行っているため、店員が在庫切れに気づかないことがある。

　そのため四半期に1回の実地棚卸で、多額の棚卸ロスが発生することがある。

　長期滞留在庫は、店頭のワゴンセールで処分している。

　店舗の商品構成は、学校関係者用商品、オフィス向け事務用品、

小中学生向け一般文房具、小中学生向け雑貨類、大人向け一般文房具が、それぞれ20％ずつである。店舗の売上高は激減しており、店長は顧客動向や売れ筋商品を考慮した品揃えや陳列の工夫が必要だと感じている。

店舗では、顧客情報を管理しておらず、来店客に特別なプロモーションは行っていない。おすすめ商品をホームページで紹介しているが、対面販売を重視しているため、通信販売を行う予定はない。

店舗の売上高は、小中学校の卒業・入学シーズンにあたる春先にピークを迎える。夏休み明けや年末には売上高が増加するものの、閑散期の売上高はピーク時の半分に留まっており、店長は年間の売上高の平準化に頭を痛めている。

３年前、Ｐ商店街から徒歩で10分ほどの距離に、地下鉄のＴ駅が開業した。Ｔ駅の開業とともに駅周辺は再開発が進み、昨年、Ｔ駅と文教地区を結ぶメインストリートが整備された。

Ｔ駅周辺にはオフィスビルが立ち並ぶようになり、飲食店、食品スーパー、生活雑貨店などの出店が相次いでいる。Ｙ市中心部への通勤と文教地区への通学の両方の利便性を謳った住宅も建設され、Ｔ駅周辺の人口は増加している。

Ｐ商店街は文教地区に隣接し、昔ながらの小売店や小規模オフィスが軒を連ねているが、メインストリートから離れているため、Ｐ商店街を利用していた住民や学生はＴ駅周辺の店を利用するようになった。Ｐ商店街の人通りが減り、廃業する店もある。

Ｐ商店街では周辺の学校の文化祭や体育祭などに合わせたイベントを開催し、地域コミュニティの交流の場となっていたが、昨年から地域振興イベントは中止になった。

また昨年、Ｔ駅周辺に文房具を取り扱うＺ店が開店した。Ｚ店は主婦や女子学生をターゲットにしており、ギフト商品や雑貨類を多

く品揃えしている。

　Z店の店舗面積はB社の店舗と同規模であり、店内は常に客足が絶えない。T駅周辺には文房具の専門店がないため、Z店で文房具を購入する男性客もいる。

　T駅周辺に低価格の文房具を取り扱う100円ショップも出店の予定があり、店長は売上高のさらなる低下を心配している。

　社長は、全社的な売上高の回復のため、営業部門・店舗部門とも、既存顧客の維持とT駅周辺の需要の取り込みが急務と考えている。

　最近、旧知の地元不動産業者から、T駅周辺のメインストリートに面した手頃な賃貸物件を紹介され、社長は新規出店を検討している。

　社長は、経営革新の総合的な方策について、コンサルタント（営業担当者）のあなたに相談してきた。

■VRIO分析表の作成

　VRIO分析表の作成手順は、次のとおりである。
①与件文を読み、事例企業のSWOT分析を行う
②SWOT分析の強みを抽出し、VRIO分析を行う
③またはVRIOの4つに「YES」のついた強み、すなわち持続的競争優位の源泉を導き出す

■B社のSWOT分析表

S	W

O	T

■B社のVRIO分析表

SWOT分析（B社の強み）	V	R	I	O	備考

↓

B社の持続的競争優位の源泉

①

②

■B社のVRIO分析表(完成版)

B社のVRIO分析表					
SWOT分析（B社の強み）	V	R	I	O	備考
創業以来、周辺の学校関係者から信頼を得ている	YES	YES	YES		法人取引が減少しており、信頼関係の再構築が必要
地域振興に積極的に貢献してきた	YES	YES	YES	YES	50年近い地域貢献は、持続的競争優位の源泉となる
社長は地域の名士として知られ、今でも周辺の学校やP商店街から相談を受けている	YES	YES	YES	YES	地域との関係性の中核であり、持続的競争優位の源泉となる
営業部門には特注品の個別相談が多く寄せられている	YES	YES			今後はメーカーと競合する可能性があるため、早急な取引先の囲い込みが必要
店舗は、地域の文房具・事務用品の専門店として、多品種少量の総合的な品揃えを心がけている	YES				競合店に対する強みとなるが、顧客動向を考慮した商品の絞り込みが必要
小中学生向けの文房具・雑貨類の品揃えに注力しており、近隣の学校が推奨する文房具を取り揃えている	YES	YES			売れ筋を考慮して品揃えを強化する必要がある
店舗に相談に訪れる学校関係者に対して、商品知識の豊富な店員がていねいに接客し、注文を営業部門に取り次いでいる（営業部門と店舗が連携）	YES	YES	YES	YES	持続的競争優位の源泉として活用が可能
ホームページを作成し、おすすめ商品を紹介している	YES				ホームページの周知が必要
店舗では、対面販売を重視している（顧客とのコミュニケーション）	YES	YES			顧客との関係性を強化するには、再来店を促進するためのプロモーションが必要

左ページのVRIO分析表より、B社の持続的競争優位の源泉は、次の2点に集約できる。

①創業以来、地域振興に積極的に貢献し、地域の名士となっている社長の存在
②商品知識の豊富な店員が学校関係者に対していねいに接客し、注文を営業部門に取り次ぐ組織体制（営業部門と店舗部門の連携体制）がある

　①は、歴史的な条件がつくり出した、持続的競争優位といえます。50年間の地域との交流で蓄積された信頼関係は、簡単に模倣することは困難です。
　②は一見、希少性や模倣困難性に疑問を感じ、「ありふれた強み」ではないかと思う人もいるかと思います。ポイントは、「商品知識が豊富」「ていねいな接客」「営業部門との連携体制」の３点が確立されており、お互いが関連して大きな強みとなっていることです。この３点がひとつの強みとなって顧客満足をもたらしている場合、希少性があり、模倣困難であるため、持続的競争優位の源泉といえるでしょう。

　ケーススタディでVRIO分析表の完成までの流れを把握したら、身の周りの企業や得意先、自分の勤務先で試してみましょう。

section 10　DREAの理解をさらに深めるための戦略知識

5つの競争要因

　ハーバード大学経営大学院教授のマイケル・ポーターは、企業を取り巻く競争環境が、産業の収益性、企業の戦略に影響を与えると指摘しています。

　ポーターは、どんな業界・産業であろうと、競争ルールは5つの競争要因（5 Forces）により形成されるとしました。そして競争要因が絡み合う条件により、渦中にいる会社が、どれだけの収益を稼ぐことができるかが決まると述べています。

　SWOT分析やAD分析の際に、T（脅威）がはっきりしない場合、ポー

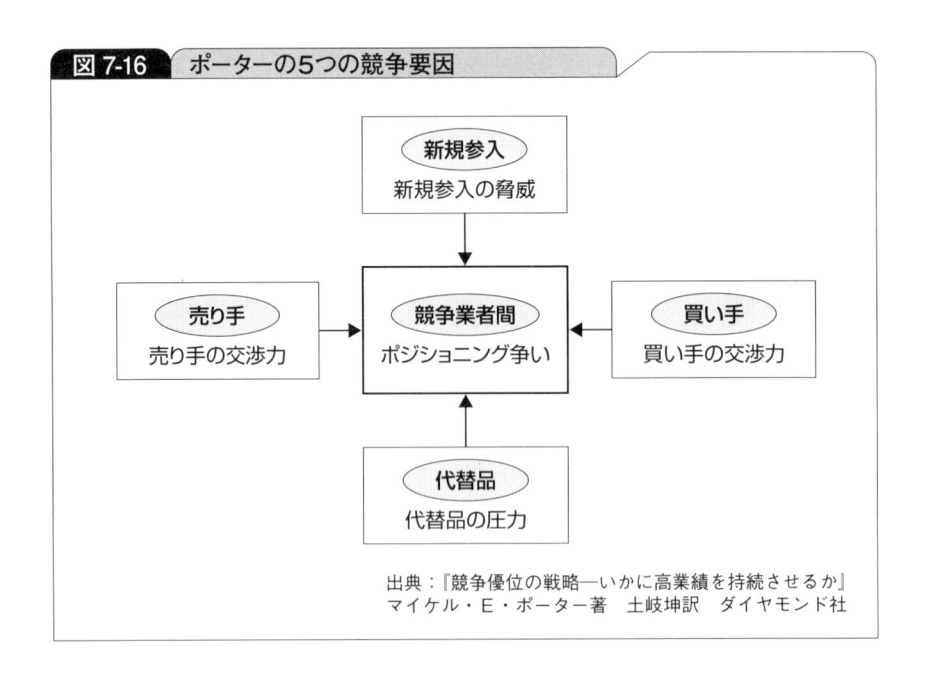

図 7-16　ポーターの5つの競争要因

```
              ┌─────────┐
              │ 新規参入 │
              │新規参入の脅威│
              └────┬────┘
                   ↓
┌─────────┐  ┌─────────┐  ┌─────────┐
│  売り手  │→│ 競争業者間 │←│  買い手  │
│売り手の交渉力│  │ポジショニング争い│  │買い手の交渉力│
└─────────┘  └────┬────┘  └─────────┘
                   ↑
              ┌─────────┐
              │  代替品  │
              │ 代替品の圧力 │
              └─────────┘
```

出典：『競争優位の戦略―いかに高業績を持続させるか』
マイケル・E・ポーター著　土岐坤訳　ダイヤモンド社

ターの5つの競争要因を用いると、見えなかった競争相手がはっきりする場合があります。

ポーターの競争戦略理論については、PART8で詳しく説明します。ここでは5つの競争要因のうち、競争業者間の争いについて見ていきます。

(1) 戦略グループ

競争を通じて、同業者は似通った戦略をとるグループを形成することがあります。それを戦略グループといいます。

前出の経営学者・ジェイ・B・バーニーによると、戦略グループとは、「同一業界内において、他の企業とは異なる、ある共通の脅威と機会に面している企業群」のことを指します。

(2) 戦略グループの形成

ある製品分野の生産のために垂直統合を強めると、企業の生産体制や製品ラインは似通ってくるので、戦略グループが生まれやすくなります。

また顧客層と製品ラインの幅を考慮して、最適生産規模を追求したり、共通コストの節約を図ったりすると、次第に一貫した戦略行動になるので、似通った企業の集団が生まれやすくなります。顧客層や製品ラインの幅を絞り込むと、脅威と機会は同質化し、似通った企業の集団（戦略グループ）が生まれるのです。

同一産業内に複数の戦略グループが存在することは少なくありません。これは市場の広がりと製品ラインの絞り込み等が異なるからだといえます。

標的市場と製品ラインの絞り込みが異なれば、同一産業内に複数の脅威と機会が生まれ、別々の戦略グループが形成されます。

(3) 戦略グループ内競争の激化

いったん戦略グループが形成されると、そのグループから他のグループへの移動障壁が築かれ、移動は難しくなります。したがって、その戦略グループ内で限られた顧客を奪い合うため、競争は激化するといえます。

(4) 戦略グループ間格差の要因

同一産業内の戦略グループ間では、収益が異なります。これは、それぞれの戦略グループが直面する脅威と機会が異なるからです。

(5) 生産数量や費用構造の変動と競争状況

①経営資源やケイパビリティの持続的な非対称性

企業間で生産能力や変動費に非対称性、つまり格差があり、それを制御できる場合、企業は競争優位を確立して、安定的な地位を築くことができます。

競争優位性は、経営資源や経営資源を使うことで生み出されるケイパビリティ（組織的な能力）に依存します。

競争優位の持続性確保のためには、経営資源やケイパビリティの持続的な非対称性を維持しなければなりません。企業の経営資源とケイパビリティである生産能力、および変動費などの非対称性を競争戦略ファクターとして管理することにより、競争優位の状態を構築でき、安定的な地位を築くことができます。

②企業の費用構造の同質化に伴う価格競争の激化

業界で自由競争が展開されている状況で、企業の費用構造が同質化するにつれて、価格競争は激化しやすくなります。

自由競争市場では、企業の費用構造の同質化が進むと、価格戦略による競争優位性は相互に存在しなくなり、シェア拡大、生産量拡大により

収益向上を狙うようになり、価格競争は激化しやすくなるのです。

さらに完全競争市場においては、企業はプライス・テイカー※となり、他者の設定する価格を受容するか、あるいはその中から選択するしかなくなります。

③収穫逓減と総平均費用の増加

収穫が逓減するのは、同一の生産費用の追加では生産量が減少する（一定の生産量を維持するための単位当たり追加生産費用が増加する）場合であり、総平均費用は増加傾向になります。

④需要の価格弾力性が低く、供給能力が伸長している市場

需要の価格弾力性が低く、かつ供給能力が伸長している市場では、価格競争の回避が難しくなり、企業の収益は低迷しやすくなります。

供給能力が伸長している市場では、市場占有率を上げるために価格競争による価格低下をもたらします。

また、需要の価格弾力性が低い状況下では、価格の低下率が数量の増加率を上回る状態となり、結果として企業の収益は低迷することになります。

⑤規模拡大によるリスクの増大

費用構造が収穫逓増を示すとき、最適生産規模が成立しないので、企業は生産数量を拡大して効率を上げようとしがちになり、規模拡大に伴ってビジネスのリスクが高くなりやすくなります。

規模拡大は、需要量を無視した供給量の増加につながり、結果として効率化以上の価格低下を引き起こしがちであり、利益の低下によるリスクが高くなりやすいといえます。

※プライス・テイカー（Price Taker）：価格受容者。完全競争市場において、市場で決定される価格を受け入れて行動する市場参加者（生産者・消費者）のこと。

(6) 既存企業間の競争激化の要因

ポーターは、既存の競合企業間の競争は、次のような要因によって激化すると述べています。

①競合企業が無数にある、あるいは規模や力の点でほぼ同等である

競合企業の数が少ない寡占状態やリーダー企業とのパワーバランスが明確な市場よりも、規模や力の点で同等の企業が無数にある場合には、競争が激しくなる傾向があります。

②業界の成長率が低い

一般に産業の成長が低下すると、その産業に属する企業間の市場シェアをめぐる競争は激しくなります。また、業界の成長率が低い場合、拡張指向を持った企業を巻き込んだ市場シェア争いが起こります。

③製品・サービスに独自性がなく、スイッチングコストも確保できない

製品の差別化が難しい場合、別の企業から顧客を奪われる可能性が高く、競争が激しくなります。スイッチングコストとは、現在使っている製品（ブランド）を、他社の製品に変更する際にかかるコストです。スイッチングコストが高いほど、顧客は他社の製品に乗り換えにくくなります。スイッチングコストが確保できないということは、顧客が他社製品に乗り換えやすいということであり、その場合、企業間の競争は激しくなります。

④固定費が高いか、製品が陳腐化しやすく、価格引き下げの誘惑が生じやすい

固定費が高い産業は固定費を回収するために、在庫費用が高い産業は在庫の陳腐化を避けるために、価格を落としてでも売上と市場シェアを確保しようとします。そのため、競合企業間の価格競争に陥りやすくなります。

⑤生産能力の増強が大掛かりに行われる

生産設備の稼働率向上を指向する同業者が多い産業で、需要の価格弾

力性が低下すると、生産量を維持するために、価格競争が生じやすくなります。

⑥撤退障壁が高い

　撤退障壁とは、退出障壁ともいい、市場から撤退する難しさを表します。例えば、他市場で使用できないような特殊な機械を生産に使用している場合、撤退したときに大きなコストがかかる場合などです。撤退障壁が高い場合、企業は赤字になっても撤退できません。撤退できないため、競争も激しくなる傾向にあります。

図 7-17　既存企業間の競争激化の要因

・競合企業が無数にある、あるいは規模や力の点でほぼ同等である
・業界の成長率が低い
・製品・サービスに独自性がなく、スイッチングコストも確保できない
・固定費が高いか、製品が陳腐化しやすく、価格引下げの誘惑が生じやすい
・生産能力の増強が大掛かりに行われる
・撤退障壁が高い

出典：『競争戦略論〈1〉』マイケル・E・ポーター著　竹内弘高訳（ダイヤモンド社）

section 1　ポーターの半生
section 2　ポーターの競争戦略理論の概要
section 3　業界の構造分析
section 4　基本的な競争戦略
section 5　我が国の競争戦略モデル

PART 8

ポーターの競争戦略理論

経営戦略の代表的な理論である
「ポーターの競争戦略理論」について
その半生や著作を紐解きながら把握する

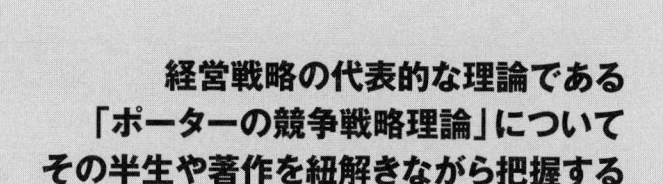

section 1　ポーターの競争戦略理論

ポーターの半生

(1) ポーターの生い立ち

　日本の経営者やマネジャーに最も支持されている経営学者のひとりがマイケル・ポーター（Michael Eugene Porter）です。

　ポーターは、世界最優秀のビジネス・スクールであるハーバード大学経営大学院の教授です。

　ポーターは、1947年にミシガン州で生まれ、米軍の将校である父とともに世界各地を点々としながら少年時代を過ごします。高校時代にはアメリカンフットボールと野球で州代表に、大学時代にはゴルフで全米代表（NCAA）チームに選ばれるなど文武に秀でていました。

　そんなポーターは、1969年にプリンストン大学航空宇宙機械工学科を卒業しています。

　そして1971年に、ハーバード大学で経営学修士号（MBA）を取得し、1973年には経済学博士号を取得しています。1982年にはハーバード大学史上最年少の教授となりました。

(2) ポーターの研究の概要

　ポーターは、世界各地の国やアメリカの州の政府、企業の戦略アドバイザーを務め、5つの競争要因分析や価値連鎖（バリュー・チェーン）など、数多くの競争戦略手法を提唱しました。

　ライバルのジェイ・B・バーニーが内部環境分析を重視するリソース・ベースト・ビュー（RBV）を提唱するのに対し、ポーターは、「あくまでも外部環境分析を重視し、戦略を策定すべきだ」という点に特徴があ

ります。

　ポーターの代表的著書『競争の戦略』は、戦略論の古典として今日でも多くの経営者や、経営学を学ぶ学生の間で読まれており、ＭＢＡ取得者が選ぶおすすめ経営学書ランキングでも常にトップを飾っています。

　続編の『競争優位の戦略』では、『競争の戦略』を振り返りながら、実際に企業が競争戦略上成功するために、どのような手順で戦略を策定すればよいか、極めて細かく述べています。

　1980年代には、「アメリカの競争力強化」を議題にした大統領諮問会議に出席しましたが、その結論を不満に思い、独自の研究から『国の競争優位』を出版しています。内容は難解ですが、同書は、国の産業優位を構築するクラスター（産業集積）の形成と衰退の実例を分析し、産業分析の研究に大きな功績を残しています。

　また、2000年には、『日本の競争戦略』を発表し、日本の産業政策を厳しく評価しました。同書の中でポーターは、「単なるオペレーション効率のアップは、戦略とは呼べない」と、日本の企業の限界を指摘しています。同書は、戦略とイノベーションについて学ぶための最良の一冊です。

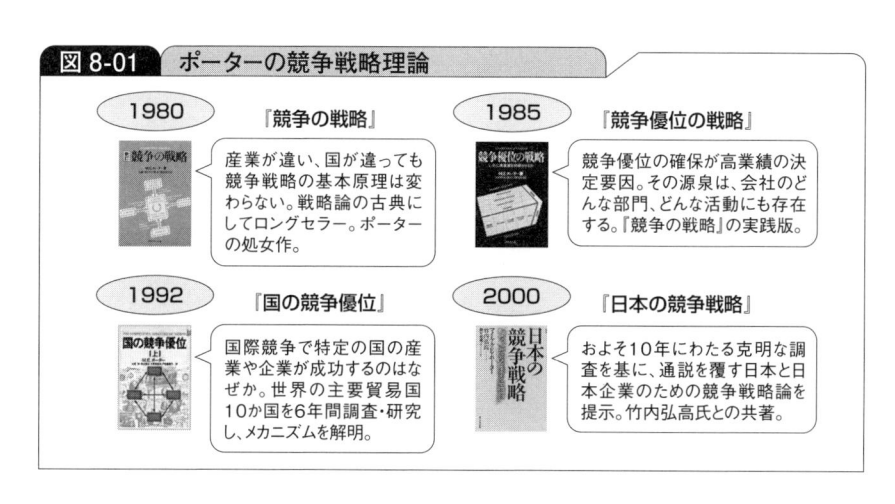

図 8-01　ポーターの競争戦略理論

1980　『競争の戦略』
産業が違い、国が違っても競争戦略の基本原理は変わらない。戦略論の古典にしてロングセラー。ポーターの処女作。

1985　『競争優位の戦略』
競争優位の確保が高業績の決定要因。その源泉は、会社のどんな部門、どんな活動にも存在する。『競争の戦略』の実践版。

1992　『国の競争優位』
国際競争で特定の国の産業や企業が成功するのはなぜか。世界の主要貿易国10か国を6年間調査・研究し、メカニズムを解明。

2000　『日本の競争戦略』
およそ10年にわたる克明な調査を基に、通説を覆す日本と日本企業のための競争戦略論を提示。竹内弘高氏との共著。

section 2　ポーターの競争戦略理論

ポーターの競争戦略理論の概要

(1) 競争戦略の概念

競争戦略とは、競争の発生する基本的な場所である業界において、有利な競争的地位を探すことです。

競争戦略の狙いは、業界の競争状況を左右するいくつかの要因をうまくかいくぐって、収益をもたらす確固とした地位を樹立することです。

(2) 競争戦略を選ぶ際の基本となる中心的質問

ポーターは、競争戦略を選ぶ際には、次の2つの中心的な質問に答えなければならないとしています。

競争戦略を選ぶ際の基本となる中心的質問

業界構造に関する質問	業界が長期にわたって収益をもたらすかどうか、すなわち業界の魅力度はどの程度か、さらに魅力度を左右する要因は何か（業界は、皆一様の収益性を保証しているわけではない）
競争地位に関する質問	ひとつの業界の中で、会社の競争的地位が他社より強いか弱いかを決める要因は何か（ほとんどの業界では、ある会社が他の会社よりもずば抜けた収益性を誇示している）

この質問に対する答えは、次のように常に変化しています。
①業界の魅力度と業界内の競争的地位は常に変化する
②業界の魅力度は時間の経過につれて上下し、競争業者間の戦いは永続するため、競争的地位も動く
③安定の期間が長く続いていても、突然、新たな競争が仕掛けられて、

不安定になる

(3)『競争の戦略』ダイジェスト

　ポーターは主著『競争の戦略』で、業界と競争業者を知り、総合的な競争戦略を策定するための分析技法を明らかにしています。

①業界の魅力度を決める５つの競争要因とそれらの基礎にある原因、さらに５つの要因が時間の経過につれてどのように変化し、戦略の立て方によってどう影響を受けるかについて述べています。５つの競争要因については、section3で説明します。

②競争優位を勝ちとるための３つの基本戦略として、①コスト・リーダーシップ戦略、②差別化戦略、③集中戦略を指摘しています。３つの基本戦略についてはsection4で説明します。

③競争相手を分析してその行動を予想し、それに何らかの影響力を行使する方法、またその中心概念や競争相手を戦略的グループ別に位置づけて、最も有利な業界内の地位を見つける方法を説明しています。

④業界特性の主要なタイプ別に、この技法を応用しています（業界の構造分類）。
　【例】多数乱戦業界、先端業界、成熟期へ移行する業界、衰退業界、グローバルな業界

⑤業界の特性によって異なる主要な戦略決定（【例】垂直統合、キャパシティ拡大、新事業への参入）について検討しています。

(4)『競争優位の戦略』の中心テーマと狙い

　世界的なベストセラーになった『競争の戦略』を補完するために、ポーターは後に『競争優位の戦略』を発表しています。
　『競争優位の戦略』の概要は次のとおりです。
①中心テーマ

・競争優位の創造と維持
・3つの基本戦略の実行方法
②狙い
・戦略と実行との間に橋を架けることである[1]

(5) 競争優位の源泉としての価値

　競争優位は、会社が買い手のために創造することのできる価値[2]から生まれます。
　ポーターは、価値とは、次のいずれかであるとしています。
①低価格での提供
②特異な便益の提供

(6) 競争優位の2つの基本的タイプ

　またポーターは、競争優位の基本的タイプは、次の2つしかないとしています。
①コスト・リーダーシップ
　規模の経済の追求、革新的な独自技術の開発などを通じて低コストで最優位に立つ戦略です。
②差別化
　製品の機能、製品の品質、製品のデザイン、ブランド・イメージ、アフターサービスなどで他社にない特異性で優位性を獲得する戦略です。

　3つの基本戦略として、3つめには「集中化」が挙げられます。集中

---

1. 『競争の戦略』は、主に業界構造の分析や競争業者の分析に主眼が置かれていたが、本書は主に実際にどのような戦略を策定し、実行すべきか、に主眼が置かれている。
2. 価値を創造するのに要したコスト以上の価値でなければならない。

化は、業界の特定セグメントに焦点を絞り込み、効率よくそのセグメントに奉仕をして優位性をつかみます。集中化は、「コスト・リーダーシップ」、「差別化」の両者に存在し、上記の２つのタイプとは次元の異なる切り口です。基本的なタイプはコスト・リーダーシップ、差別化の２つと考えて良いでしょう。

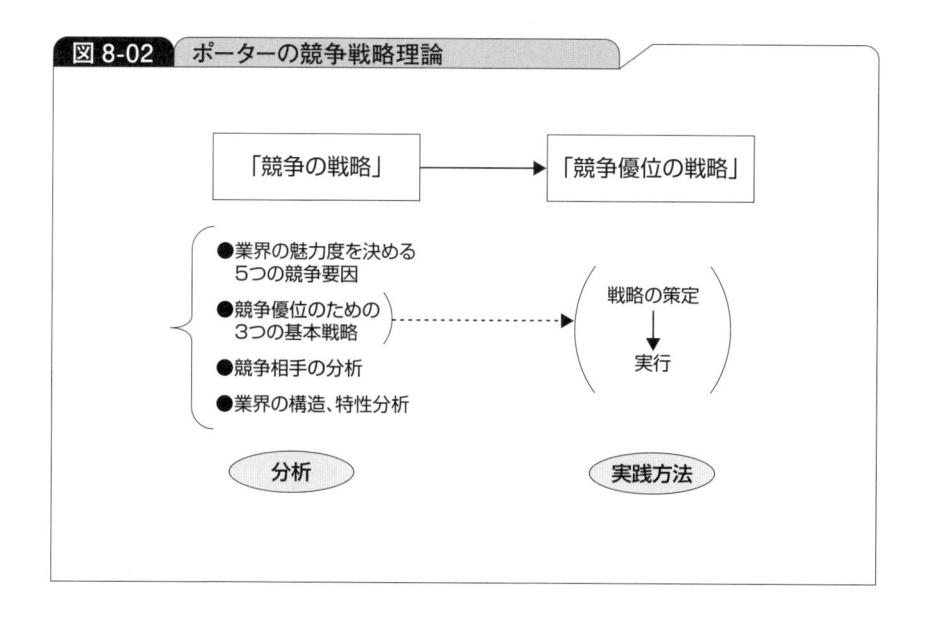

図 8-02　ポーターの競争戦略理論

「競争の戦略」 → 「競争優位の戦略」

- 業界の魅力度を決める5つの競争要因
- 競争優位のための3つの基本戦略
- 競争相手の分析
- 業界の構造、特性分析

分析

戦略の策定
↓
実行

実践方法

section 3 ポーターの競争戦略理論

業界の構造分析

(1) 業界の構造分析

ポーターの競争戦略理論の出発点は、業界の構造分析です。

①業界の魅力度

会社の収益性を決める最初の基本要因は、会社が属する業界の魅力度です。競争戦略は、業界の魅力度を決める競争のルールを正しく理解することから始まります。

競争戦略の目的を突き詰めると、この競争ルールをうまく利用し、できるならば、自社に有利な方向へ変えることです。どんな業界も、競争のルールは、5つの競争要因によって形成されます。

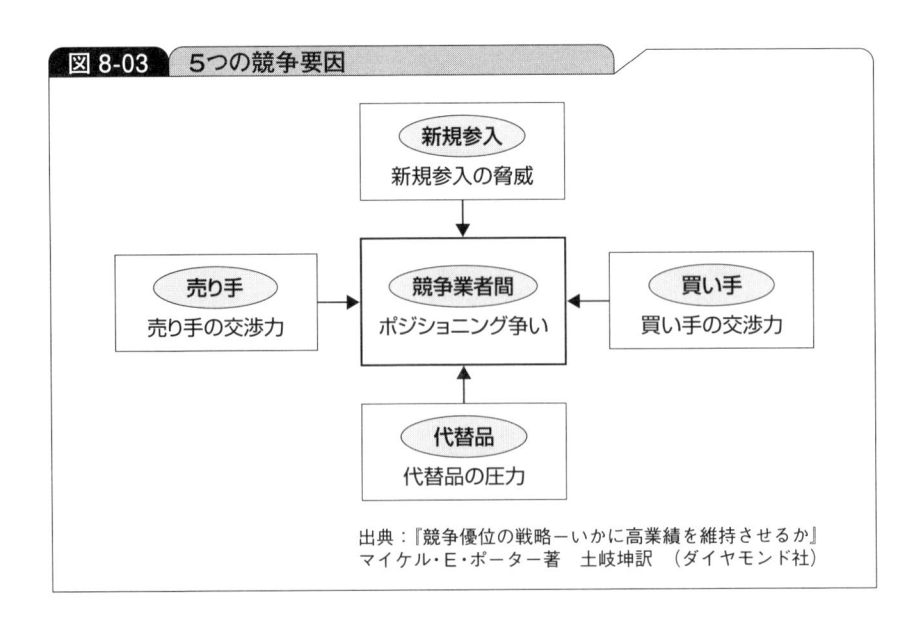

図 8-03　5つの競争要因

```
                新規参入
              新規参入の脅威
                   ↓
売り手    →   競争業者間   ←   買い手
売り手の交渉力  ポジショニング争い   買い手の交渉力
                   ↑
                 代替品
              代替品の圧力
```

出典：『競争優位の戦略―いかに高業績を維持させるか』
マイケル・E・ポーター著　土岐坤訳　（ダイヤモンド社）

② 5つの競争要因と収益性

業界の収益性は、業界構造の関数です。

5つの競争要因が、業界全体の価格、コスト、必要投資額、すなわち投資収益率の要素に影響するために、業界の収益性を決めます。

5つの競争要因それぞれの強さは、業界構造、すなわち業界の基本的な経済特性および技術特性の関数です。

5つの競争要因の以下のような内容となります。

a．競争業者間のポジショニング争い

激しい市場内での競争は、収益性を低くすることになります。

b．新規参入の脅威

参入障壁（新規企業が市場に参入する際のさまざまなコスト）がとても低い場合は、既存企業は常に低い価格設定をすることになります。

c．売り手の交渉力

売り手の交渉力とは供給業者の交渉力のことです。供給されている製品が重要である場合、希少である場合、他の供給業者では扱っていない場合（供給業者を変えるコストが高い場合）、代替品がない場合に、売り手の交渉力は高くなります。売り手の交渉力が高い場合は、売り手の交渉力が低い場合に比べ、収益性が低下します。

d．買い手の交渉力

買い手の交渉力とは、顧客の交渉力のことです。製品の差別化がされていない場合は、買い手が他社から購入するコスト（スイッチングコスト）が低くなるため、買い手の交渉力は高くなります。買い手の交渉力が高い場合は、買い手の交渉力が低い場合に比べ、収益性が低下します。

e．代替品の圧力

市場の製品に代替品が存在する場合、既存の競合企業の価格だけでなく、代替品の価格も注視し、低価格に設定する必要が出てきます。代替品がない場合に比べ、代替品が多い場合のほうが、収益性が低下します。

③業界構造の変化

　業界構造は比較的安定的ですが、業界が進展するにつれて、時間とともに変化します。

　構造が変化すると、5つの競争要因の強さが、全体としても、相対的な関係でも変わり、業界の収益性は上方にも下方にも動きます。

④競争ルールの変更

　会社は、戦略によって、5つの要因を動かすことができます。成功した多くの戦略は、競争のルールを変えたのです。

⑤業界構造の要素

　どんな業界でも、5つの要因の全部が同等に重要であるわけではなく、重要な構造要因は業界によって異なります。

　5つの要因を利用すると、会社は複雑な業界構造を理解し、競争の最重要要因を発見し、業界および自社の収益性を向上させる革新的な戦略を策定できます。

⑥業界構造を変える戦略のリスク

　会社は、業界構造とその収益性を破壊することもできます。

　例えば、新たな製品設計法を生み出した会社は、一時的に他業者より高い収益を享受しますが、業界の長期的収益性を土台から崩す、または、価格引下げ競争の期間が長く続いて、差別化を不可能にするかもしれないのです。

⑦破壊会社の脅威

　強力な競争相手が似たような戦略で反撃し、業界構造が混乱すると、すべての業者が傷つきます。ポーターはこれを破壊会社（業界破壊会社）と名づけています。

　破壊会社とは、重大な競争劣位を克服する方法だけを探し求めている二流の会社です。

　具体的には、「致命的な難問に襲われてやみくもにその解決策を探し

ているような会社」、「コストに無知で将来に対して現実味の乏しい想定ばかりする間抜けな業者」が該当します。

破壊会社が存在する、もしくは今後生まれてきたり、参入したりする可能性のある業界は、「勝者なき戦い」を強いられる可能性が強いため、参入すべきでありません。別な業界への参入を考えるべきです。

⑧リーダー会社の役割

リーダー会社のアクションは、企業規模が大きいため、非常に大きな影響を業界構造（【例】買い手、売り手（供給業者）、他の競争業者）に与えます。

リーダー会社の市場シェアが大きいために、業界構造全体を変える原因はすべて、リーダー会社にも大きな刺激を与えます。

リーダー会社は、全体としての業界の健康状態を見ながら、自社の競争的地位を常に調整し続けなければならないのです。

(2) 業界構造と買い手のニーズ

買い手のニーズを満たすことは、業界およびその業界内にいる会社の収益性の前提条件です。

「会社は買い手のためにつくり出す価値を自分のものにしているかどうか」、「その価値が競争によって他の業者に奪われていないかどうか」が収益性におけるポイントとなります。

製品が買い手のためにつくり出す価値の、どの割合を誰が保持するか、これを決めるのが業界構造です。

(3) 業界構造と需給のバランス

需要と供給の小刻みな変動は短期的な収益性を動かしますが、長期的な収益性は業界構造が決めます。

section 4　ポーターの競争戦略理論

基本的な競争戦略

(1) 基本的な競争戦略

①業界内における地位の問題

　会社の競争的地位が優れたものであれば、業界構造が思わしくなく、業界の平均収益率が低くても、会社はかなり高い収益率を享受することができます。

②持続力のある競争優位

　会社の持続的な競争優位のタイプは、低コストか差別化に絞ることができます。

　コスト優位と差別化も業界構造から生まれてきます。

③基本戦略の選択と実行

　競争優位に達するための論理的ルートであり、どんな業界にいようとこのルートを探求しなければなりません。

図 8-04　競争優位への基本戦略

		競争優位	
		他社より低いコスト	差別化
戦略ターゲットの幅	広い	コスト・リーダーシップ	差別化
	狭い	コスト集中	差別化集中

④基本戦略の根本的考え方

ポーターは、基本戦略の根本的考え方として、次の2点を挙げています。
・競争優位はどんな戦略の核心にもあるということ
・競争優位を達成するには、会社はひとつの選択を行わなければならないということ

(2) コスト・リーダーシップ戦略

①コスト・リーダーシップ

自社の属する業界において、低コスト・メーカーの評判をとれば、競争に勝つことができます。

会社は広い範囲のターゲットを持ち、多数のセグメントに向けて商売をし、ときには関連業界にまで手を伸ばし、コスト・リーダーシップを発揮しようとします。会社がどれだけ幅広く営業するかが、コスト優位にとっては重要になります。

コスト優位の源泉は、業界の構造によって違います。規模の経済性を追求するもの、独自の技術によるもの、他社より有利な原材料確保の道、学習曲線に沿った経験効果などさまざまです。

コスト優位となるすべての原因を発見し、探索しなければなりません。

標準品を売り、大量生産による絶対的コスト優位を刈り取ることに総力をあげるという方法もあります。コスト・リーダーシップを取ることができれば、業界平均価格またはその近くの価格で売れるかぎり、その会社は業界平均以上の収益を得ることができます。

②コスト・リーダーの差別化への対応

コスト・リーダーも差別化を無視することはできません。

差別化が同等程度の場合には、コスト優位がそのまま、競争相手よりも高い利益を得ることができます。

図 8-05 コスト・リーダー＋差別化

```
コスト・リーダー        コスト・リーダー
                      ＋差別化

                         UP

   ┌──────┐            ┌──────┐
   │ 利益  │┐           │ 利益  │┐
   ├──────┤│売          ├──────┤│売
   │      ││価          │      ││価
   │ 原価  ││            │ 原価  ││
   │      │┘           │      │┘
   └──────┘            └──────┘
```

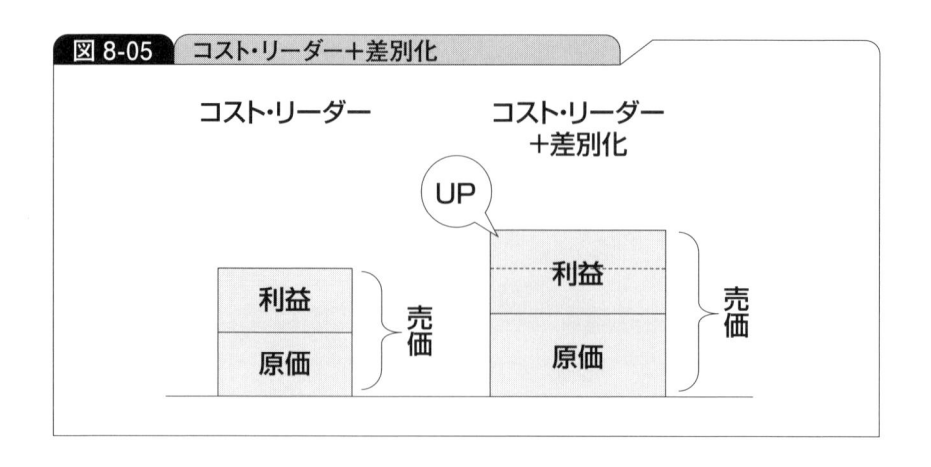

③コスト・リーダーシップの戦略的論理

　会社がコスト・リーダーになるには、その地位を競う数社のなかの１社であってはいけません。唯一の存在でなければならないのです。

　コスト・リーダーシップ戦略は、大きな技術上の変化が発生して、そのために会社のコスト地位が急激に変わるという場合を除くと、特に他社に先んずる積極策に成功するかどうかによって決まる戦略です。積極策は、技術面（製造面）、購買面、物流面と、コスト優位となるさまざまな面からの策となります。

(3) 差別化戦略

①差別化戦略

　差別化戦略は、買い手がたいへん重要だと思ういくつかの次元に沿って、自社を業界内で特異性を持つ会社にしようとする戦略です。

　そのためには業界内の多くの買い手が重要だと認める特性を、ひとつまたはそれ以上選び出して、「このニーズを満たすのは当社以外にはない」という体制をつくります。

　差別化の手段は、業界によって異なります。製品そのものによる差別

化、販売のための流通システムによる差別化、マーケティング方法による差別化など、さまざまです。

　差別化に成功し、それを持続できる会社は、特異性のために払われる価格プレミアムが、特異性をつくるのに要した特別コストを上回る場合に、業界平均以上の収益をあげることができます。

　差別化を求める会社は、差別化のコストより高額の価格プレミアムをもたらす差別化の方法を、常に探さなければなりません。

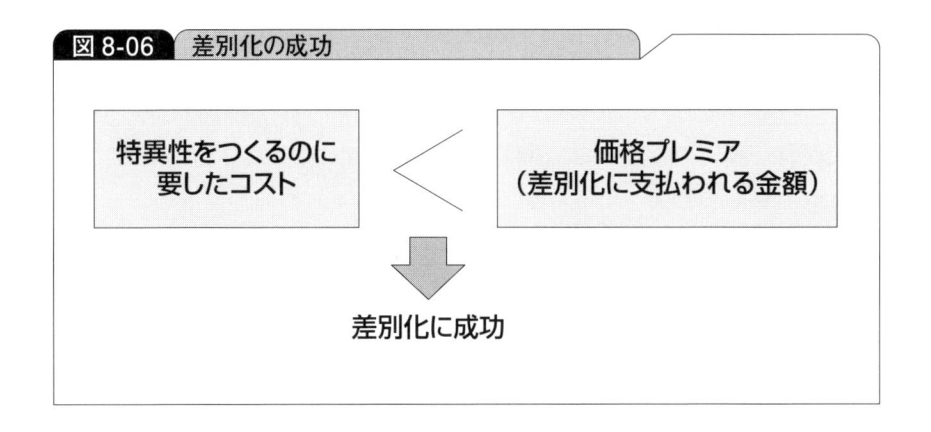

図8-06　差別化の成功

```
┌─────────────────┐         ┌─────────────────┐
│  特異性をつくるのに  │   <    │   価格プレミア    │
│   要したコスト    │         │ (差別化に支払われる金額) │
└─────────────────┘         └─────────────────┘
              ↓
         差別化に成功
```

②コスト地位への対応

　差別化を狙う場合も、コスト地位を無視することはできません。

　差別化に関係のない面においてもコストを下げる努力を怠らず、競争相手と同等か、近接した水準のコスト地位を狙います。

③差別化戦略の論理

　ライバルとは異質な特性を選んで差別化します。

　コスト・リーダーシップとは対照的に、買い手が非常に重要だと考える特性がたくさんある場合は、成功する差別化戦略は、ひとつの業界内で複数成立します。

　コスト・リーダーシップ戦略は、唯一1社のものであり、物権的戦略

ですが、差別化戦略は多数の併存が可能であり、債権的戦略です。

「物権的」というのは、ひとつの物に同じ種類の物権が複数成立することはないという法律的な特徴を示しています。コスト・リーダーシップを採用できるのは、1社のみであるということです。

一方、「債権的」というのは、ひとつの物に債権が複数、同時に存在するという法律的な特徴を示しています。

差別化は、その切り口を変えることで、ひとつの業界に複数並立することができるということです。

業界のリーダー的存在の会社（いわば「ボス猿」）は、物権的にコスト・リーダーシップ戦略を取ることができます。これに対し、業界の二番手以後の会社は、いろいろな方向からアプローチし、差別化戦略を展開しなければなりません。

図 8-07　コスト・リーダーシップ戦略と差別化戦略①

1. コスト・リーダーシップ戦略
- 論点は価格のみ
  普通に売れば利潤が大きく、価格が下がっても最後まで生き残れる
- 業界で1社のみが採用できる（物権的戦略）

2. 差別化戦略
- 論点は複数存在する場合が多い
  品質、デザイン、付随サービス、流通経路　等
- 業界で複数社が併存可能（債権的戦略）

(4) 集中戦略

①集中戦略

集中戦略とは、業界内のひとつのセグメント、あるいは少数のセグメントを選んで、そこに適合するような戦略をつくって、他社の排除を狙うものです。

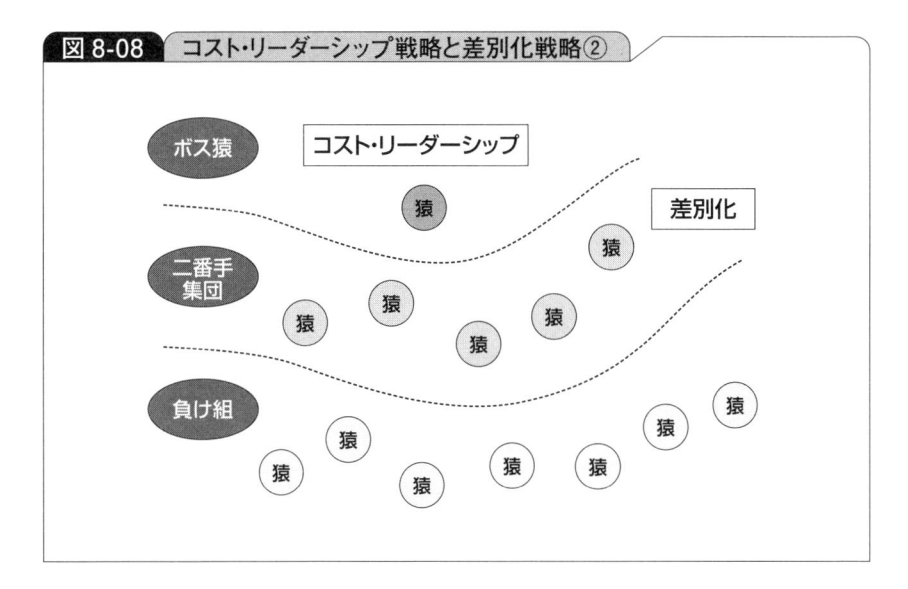

図 8-08　コスト・リーダーシップ戦略と差別化戦略②

（図：ボス猿、二番手集団、負け組の3層に分かれた猿の集団を、コスト・リーダーシップと差別化の2領域に分ける図）

　そのためには狙った狭いセグメントと、業界内のそれ以外のセグメントとの間に明確な差異をつくります。

　ターゲットとなるセグメントの条件は、次のどちらかでなければなりません。

・特異なニーズを持つ買い手がいる
・そのセグメントに最適な製造方法や流通システムが、業界内のその他のセグメントのそれとまったく異質である

②集中戦略の2つの種類

　集中戦略には、次のような2つの種類が存在します。

集中戦略の種類

コスト集中戦略	ターゲットとしたセグメントにおいてコスト優位を求める
差別化集中戦略	ターゲットにおいて差別化を探す

③集中戦略の本質

　広いターゲットを狙う相手の弱点を突きます。

　広いターゲットを狙う競争相手がどこであれ、「最適化の程度を下げる」のを逆に利用します（競争相手は、特定セグメントのニーズを満足させるには不十分な手しか打てません）。

　この場合、自社は「最適化の程度を下げない」ことで対応します。

　広いターゲットを狙う競争相手は、あるセグメントのニーズを満たすのに必要以上のコストを負担する場合もあります。この場合、自社は必要以上にコストをかけないで対応します。

　狙ったセグメントにおいて、強固なコスト・リーダーシップ（コスト集中戦略）、あるいは差別化（差別化集中戦略）を達成でき、そのセグメントが構造的に魅力度の高いものであるとしたら、その会社は、業界平均以上の収益をあげることができます。

　これは狙ったセグメントが、構造的に魅力度が高いということが必要条件です。

(5) 「窮地に立つ」とはどういうことか

　以上の3つの基本戦略を成功に導けなかった会社は、競争優位を持たないために窮地に立ちます。

　業界が成熟してくると、基本戦略のどれかを実行する会社と窮地に立つ会社の間の業績の差は拡大します。窮地に立ったのは、戦い方についての選択から逃げようとしたからです。

　集中戦略を実行する会社が、いったんは狙ったセグメントを支配できたのに、基本戦略を曖昧にして、そのために窮地に追い込まれる場合があります。

　その原因は、集中戦略が意図的に売上量を制限することで成功するのに、集中戦略に成功すると、その成功の理由を見失ってしまい、売上増

という成長を狙って、集中戦略を曖昧にしてしまうためです。

(6) 複数の基本戦略を追求する
①ターゲットの幅の選択

　戦略を特定のターゲットセグメントに絞って最適化を狙う戦略（集中戦略）の利点は、同時に広い幅のセグメント群を相手にすれば（コスト・リーダーシップまたは差別化戦略）、消滅します。

　ただし、同じ会社の内部に、まったく別個の2つの事業単位をつくって、それぞれが違った基本戦略を実行するということは可能です。

②コスト・リーダーシップと差別化のトレードオフ関係

　コスト・リーダーシップ戦略と差別化戦略は、互いに矛盾する関係にあります。差別化に成功するには、通常、高いコストを要します。

　コスト・リーダーシップ戦略では、製品を標準化し、マーケティング費用を削減するなどによって、差別化をある程度あきらめなければなりません。

③差別化とコスト削減の両立

　差別化をあきらめることなしに、むしろ差別化を進めながら、コストを削減することもできますが、コスト削減は、コスト優位の達成と同じではありません。同じようにコスト・リーダーシップを求めて競う有能な競合相手が出現すると、これ以上コストを削減するには差別化を犠牲にせざるを得ないという点に到達します。

④コスト・リーダーシップと差別化を同時に達成するための3つの条件

　コスト・リーダーシップと差別化を同時に達成できれば、報奨は大きいものになります。

　しかしそれには、以下の3つの条件のいずれかが必要です。

・競争相手が戦略を見失って窮地に立っている

　有力な競争相手が窮地に立っていると、コストと差別化が矛盾するよ

うな場面はなくなってしまいます。しかし、このような事態は一時的なものです。

・シェアまたは他業界との相互関係によってコスト地位が決まる

　コスト地位が、製品設計、技術の水準、提供されるサービスその他の要因によるよりも、市場シェアによって決まる場合です。

　1社だけができて他の業者は手が出せないような、異業種間の相互関係がある場合もあります。例えば、1社が特許を持っている場合等です。

　他の業者が手を出せない相互関係があると、差別化コストが抑えられる、あるいは差別化により高いコストを使っても相殺できます。

・大きなイノベーションを率先してやり遂げた場合

　ただし、当該イノベーションを持つのがひとつの会社だけの場合に限られます。

　競争相手もそのイノベーションを導入してくると、自社と相手のイノベーションの比較が必要になります。

⑤差別化とコスト削減の両立

　会社は常に、差別化を犠牲にしないコスト削減の機会を追求しなければなりませんし、コスト増を伴わない差別化の機会を追求しなければなりません。

(7) 戦略の持続力

①基本戦略のリスク

　3つの基本戦略には、リスクがそれぞれにあります。

　基本戦略に持続力を持たせるには、その戦略の模倣を難しくする障壁を、会社が保有していなければなりません。

　また、それぞれの基本戦略は、相互に脅威を与え合う危険性を持ちます。基本戦略のいずれもが、別の戦略からの攻撃には弱いのです。

②各社の基本戦略の共存

・基本戦略の共存

　多くの業界において、各会社が別の戦略を追求するか、差別化または集中戦略をとるとしても、その基礎を別のものにするかぎり、3つの基本戦略は共存しながら収益をあげてくれます。

　数社の強力な会社がそろって差別化戦略をとるといっても、それぞれの差別化が買い手の別の価値観を基礎にしているような業界では、それぞれの会社の収益性が高くなることがしばしば起こります。

　そうなると業界構造の質がよくなり、安定した業界競争になります。

・利益なき戦闘

　2～3社が、同じ基礎による同じ戦略を追求することを選ぶような業界では、だらだら続く利益なき戦闘という結果になります。

　最悪の事態は、数社がそろって全面的なコスト・リーダーシップを競う場合です。

③基本戦略の前提

　全部が全部成功するとはいえませんが、基本戦略は、優れた業績にいたる別々の道を教えてくれます。

(8) 基本戦略と業界の発展

　業界の構造変化は、業界内の基本戦略の間の相対的バランスを変えます。業界構造が変わると、基本戦略の持続力が変わり、その結果として競争優位の大きさも変わります。

　自動車業界におけるフォード・GMによる競争ルール変更の歴史は、その代表例です。その時代その時代で覇者となる企業が、業界ルールを次々と変えていくのです。

(9) 基本戦略と会社の構造

①基本戦略と企業文化

会社がそれぞれの基本戦略を成功させるには、それぞれ違った技能や条件が必要になりますが、これらは会社の構造や企業文化の違いとなって現れます。

　文化が適切なものであると、基本戦略が達成を狙っている競争優位を強力に補強してくれます。文化は競争優位を達成するための手段であり、目的ではありません。

基本戦略と企業文化

コスト・リーダーシップ戦略を採用する会社	厳格な統制システム、間接経費の圧縮、規模の経済性の追求、経験曲線の尊重を重視し、節約、規律、細部への注意によって支えられる会社
差別化戦略を採用する会社	イノベーション、個性、リスクをものともしない精神を奨励する文化によって支えられる会社

②多角化企業における基本戦略と会社構造の間の連結関係

　多角化企業は、多くの事業単位で同一基本戦略を追求する傾向があります。競争優位を特定のやり方で追求するための技能と自信が育てられているからです。

　しかし、多角化企業が事業単位で同一基本戦略を追求することには、メリットとデメリットがあります。

・事業単位で同一基本戦略を追求するメリット

　自社内の多くの事業単位を通じて同じ戦略で競争することは、多角化企業がその事業単位に付加価値を与えるひとつの方法です。

・事業単位で同一基本戦略を追求するデメリット

　ある事業単位の属する業界が（または、もともとの業界地位からして）、とうてい支持できないような基本戦略を押しつけてしまうようなことになることが考えられます。

　そうなると事業単位の属する業界環境が、本社の強行する基本戦略と

うまく噛み合わず、事業単位が誤解されます。そして事業単位自身の戦略が、本社の上級経営者によって傷つけられます。

それぞれの基本戦略によって、投資のパターンも、経営者や文化のタイプも違うことになるために、「除け者にされた」事業単位は不適切な本社政策やターゲットを押しつけられて、苦しまざるを得なくなります。

例えば、全面的なコスト切下げ目標や全社共通の人事政策は、品質とサービスの点で差別化したいと努める事業単位にとっては不利になります。

(10) 基本戦略と戦略計画

優れた業績をあげるのに競争優位が不可欠だとすると、会社の戦略計画の中心は、基本戦略の選定でなければなりません。

戦略計画づくりの一環として多くの多角化企業は、市場シェアの獲得、保持、刈り取りといった戦略システムを使って、事業単位を分類します。

市場シェアは、競争上の地位（例えば、規模の経済性によって得られた）に関係がありますが、業界のリーダーになるということは、原因ではなくて競争優位の結果です。

重要なのは競争優位です。市場シェアではありません。事業単位への戦略指令は、「競争優位を確保すべし」でなければなりません。「リーダーになれ」では、競争優位を確保することもできないし、すでに持っている競争優位を失ってしまいます。

section 5　ポーターの競争戦略理論

我が国の競争戦略モデル

(1)『日本の競争戦略』の概要

　『日本の競争戦略』は、2000年に出版された、ポーターの代表作のひとつで、およそ10年にわたる克明な調査に基づき、競争戦略論の権威である著者が、日本と日本企業のための競争戦略論を提示したものです。

　日本では、名著『競争の戦略』『競争優位の戦略』のほうが有名ですが、『日本の競争戦略』は対象が日本であり、日本人にとって興味深く読み進めることができる一冊です。

　出版されてからすでに10年以上が経過していますが、ポーターの提言のうちの一部は、日本政府・日本企業により受け入れられ、すでに改善されています。しかし提言の大半は、依然としてそのままになっています。

(2) 日本人にとっての最良の経営戦略理論

　日本経済の「弱点」を再認識する上で、本書は最良のテキストです。本書の提言は、日本経済の持つ「優位性」を根本から否定するところから始まります。成功産業については、成功要因ではなく、「なぜ伸び悩んでいるのか」に焦点を当て、実証研究をしています。

　従来の研究がスポットを当てなかった、「失敗産業の事例」が数多く紹介されている点も特徴的です。

　ポーターは、「強大な輸出国とあがめられてきた日本において、新たな輸出産業がほとんど育っていない」状況を危険な兆候として指摘しています。

日本企業への提言以上に、日本政府への提言は手厳しいものがあります。「貿易の自由化促進」「大学制度の再構築」「非生産的な内需型産業の淘汰」など厳しい改革を訴えています。

(3) 競争・イノベーション・差別化・生産性

　本書はまた、「競争」「イノベーション」「差別化」「生産性」について、企業経営者はどう考えるべきかをさまざまな視点から説いています。

　日本には、経営戦略についての体系的で優良なテキストが少ないですが、本書はこの点をカバーしてくれます。

　また、企業の競争力を支えるイノベーションの源泉を表すダイヤモンド・フレームワークを用い、現在においても、今後の日本がどのような経済政策を採用し、ミクロ経済や企業経営がどのような方向を目指すべきかを考える上で、貴重な文献です。

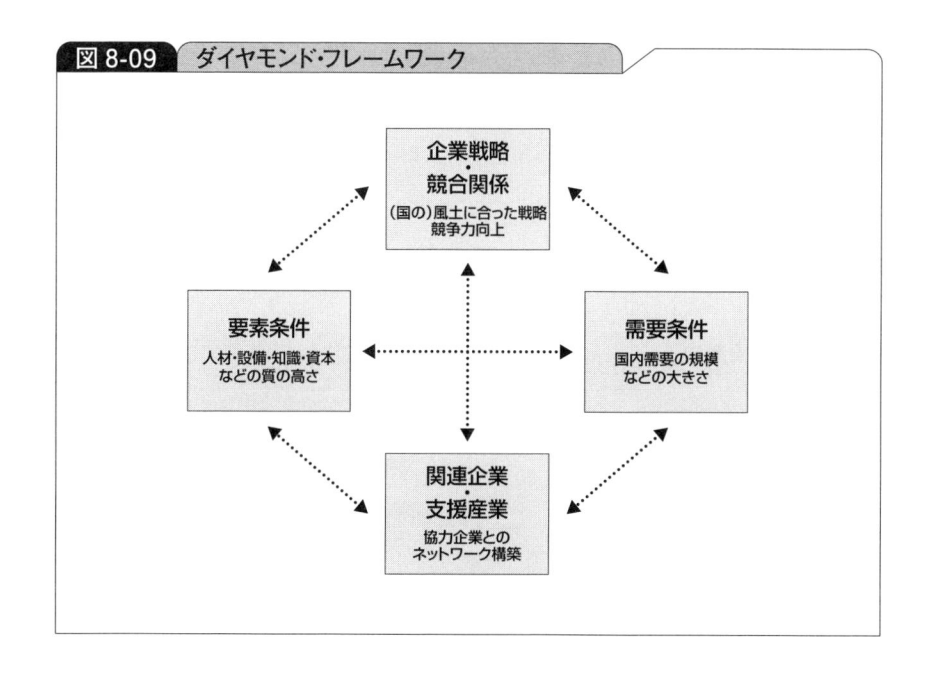

図 8-09　ダイヤモンド・フレームワーク

```
                    企業戦略・
                    競合関係
                (国の)風土に合った戦略
                    競争力向上
                        ↕
        ↙                                   ↘
   要素条件  ←········→        ←········→  需要条件
   人材・設備・知識・資本                    国内需要の規模
   などの質の高さ                            などの大きさ
        ↖                                   ↗
                        ↕
                    関連企業・
                    支援産業
                    協力企業との
                    ネットワーク構築
```

参考文献

- 『競争優位の戦略』マイケル・E・ポーター著　ダイヤモンド社
- 『競争の戦略』マイケル・E・ポーター著　ダイヤモンド社
- 『競争戦略論＜1＞』マーケル・E・ポーター著　ダイヤモンド社
- 『コトラー＆ケラーのマーケティング・マネジメント 第12版』フィリップ・コトラー、ケビン・レーン・ケラー著／ピアソン・エデュケーション
- 『マーケティング原理 第9版』フィリップ・コトラー、ゲイリー・アームストロング著　ダイヤモンド社／ピアソン・エデュケーション
- 『マーケティング戦略（第3版）』和田充夫、恩藏直人、三浦俊彦著　有斐閣アルマ
- 『現代マーケティング』嶋口充輝、石井淳蔵著　有斐閣
- 『BCG戦略コンセプト』水越豊著　ダイヤモンド社
- 『経営戦略論』石井淳蔵、奥村昭博、加護野忠男、野中郁次郎著　有斐閣
- 『事業の定義』D・F・エイベル著　千倉書房
- 『企業戦略論【上】基本編競争優位の構築と持続』ジェイ・B・バーニー著　ダイヤモンド社
- 『日本の競争戦略』マイケル・E・ポーター、竹内弘高著　ダイヤモンド社
- 『戦略市場経営』D・A・アーカー著　ダイヤモンド社

編著者

山口 正浩（やまぐち まさひろ）
（株）経営教育総合研究所代表取締役社長、中小企業診断士の法定研修（経済産業大臣登録）講師、経営学修士（MBA）、NHK教育テレビ「資格☆はばたく（中小企業診断士）」司会講師。24歳で中小企業診断士試験に合格後、TBC受験研究会統括講師に就任、従業員1名から従業員10,000名以上の企業までコンサルティングを行い、負債3億円、欠損金1億円の企業を5年間で黒字企業へ事業再生した実績を持つ。
『マーケティング・ベーシック・セレクションシリーズ』（同文舘出版）、『クイックマスターシリーズ』（同友館）など、年度改訂の書籍を含めると250冊以上の監修・著書があり、日経MJ「マーケティング・スキル」や企業診断「診断士試験合格への戦略と実践」、近代セールス「勝ち組企業の経営力」などの月刊誌数誌の連載を持つ。
近年、若手中小企業診断士のキャリアアップに注力し、執筆指導のほか、プレゼンテーション実践会を主催している。

竹永 亮（たけなが まこと）
（株）経営教育総合研究所取締役主任研究員、中小企業診断士、経営学修士（MBA）、中小企業診断士の法定研修（理論政策更新研修）講師、元・早稲田大学大学院アジア太平洋研究科委嘱講師、NTTデータ・ユニバーシティ委嘱講師、TBC受験研究会主任講師。
オークネット・ビジネス・アカデミー、常陽銀行ビジネスアカデミーを主宰。ダスキン全直営店長研修、ポーラ未来研究会、クリナップ新任管理者研修等を担当。
主な著書に、『新ストレート合格法　クイックマスター』、『経営法務クイックマスター』、『新・会社法入門　ここから読む→こう覚える』、『新・知的財産法入門　ここから読む→こう覚える』（以上、同友館）、『ダイレクト・マーケティング』、『プロダクト・マーケティング』、『コミュニケーション・マーケティング』（以上、同文舘出版）など多数。

マーケティング・ベーシック・セレクション・シリーズ

戦略的マーケティング

平成 24 年 10 月 2 日　初版発行

編著者―――山口正浩

著　者―――竹永　亮

発行者―――中島治久

発行所―――同文舘出版株式会社
　　　　　東京都千代田区神田神保町 1-41　〒 101-0051
　　　　　電話 営業 03（3294）1801　編集 03（3294）1803
　　　　　振替 00100-8-42935
　　　　　http://www.dobunkan.co.jp

Ⓒ M.Yamaguchi
印刷／製本：萩原印刷

ISBN978-4-495-58571-6
Printed in Japan 2012